神の怒り、人類絶滅の時

山下慶子

Keiko Yamashita

文芸社

まえがき――T氏への伝言

「オエッ」とならずに最後まで読んでください。頼みますよ。頼みましたよ。
私の考えをわかってください。最後まで読んでもらわないと誤解が生じます。
最後まで読んでくださいよ。頼みますよ。頼みましたよ。

目次

悪魔が操れない人間とは「記憶力のよい人間」

数冊の本を書き終わるたびに、これで終わり、これで終わり、とそのつど思って書いてきたが、ここまで人間の堕落が進むと、もう何をか言わんや、である。成り行きを見守るしかないとも思うが、この先どうなるかわかっているのに「座して死を待つ」などたまったものではない。

人間は自然に生き、自然に死んで往くべきで、原爆やテロ爆弾や、放射能などで死ぬべきではない。

怒りである。私が本書を書く動機は怒りである。人間への、そしてこのイスラエル国・日本への、奴隷、愚民、ダメな集団と成り果てた、天皇家から政治家からマスコミ、つまり、すべてのイスラエル国・日本人に対する怒りの書である。イスラエル国・日本がわからなければ前著『メギドの丘』を読んでください。

「怒りの書」であることを最後まで忘れないでもらいたい。「忘れるな！」と言っても五年も経たないうちにあの巨大災害3・11をケロッと忘れ、オリンピックだの、と言っている。

オリンピックといえば思い出した。私は「オリンピックはギリシャで始まり、もうギリシャで終わったのだ。あとは天罰が下るのみ」と先の本の中で書いた。「そんなことはあの本の中には書いてなかったゾ」と言う者は全部読め！　探せ！　私は一度しか言わない。

TPP担当大臣（甘利さんのこと）、この大臣が笑っていられるのは今のうちだけだ、と私ははっきりと前の本で書いた。そうしたら、どうなったか。スキャンダルがばれて、大臣を辞めさせられましたね。あれほどTPPには加盟してはいけない、と言った（書いた）のに、天罰が下る、と言ったら下るんですっ‼今から始めようとするオリンピックに天罰は下らなかったか？　どうか？　オリンピックをすれば天罰が下りますよ、と言った私は間違っていたか？

まだ開催もされていないのに日本国イスラエル人の上から下までの、度しがたい無責任と人のものを盗んで恥と思わない、最近の日本人は言い訳が多すぎる。やっているのにやっていないと言い張る。

「スタップ細胞はありま～す」も、「エンブレムは断じてぬすんでいませ～ん」も、私の最も嫌いな嘘をケロケロッとしてつき、もう汚なすぎて私はオエッと吐き気がしている。オリンピックだけで日本人の無責任と嘘つきを日本国イスラエル人は低能であることを世界にさらしてしまった。

週刊誌には「呪われたオリンピック」と書いてあったゾ。まだ今から始める、というのに。私の言うことを信じない者ばかりだゾ。

「無責任と勇気のなさは、再び日本に災いをもたらす」とも書いているぞ。全部読め！　探せ！

私の本を片時も離さず持ち歩き、読んで読んで読み倒すほど読んでいる「黙示録のヨハネ」の馬鹿が、最後に私から捨てられるとき、「あなたの神と私の神は違います!!」と言った。

黙示録のヨハネの自分の神と、私の言う霊なる神とは違う神だそうである。私の本を読んでもわからない馬鹿がいることを知って私は驚いた。それが黙示録のヨハネでなかったならば、私は驚きはしなかったろう。

黙示録のヨハネ（二千年前イエス・キリストの弟子であった）もローマ法王庁が歴代、聖者として崇拝の対象として、自らも、そして信者らに崇拝させてきたパウロも度しがたいごう慢だ。人間はごう慢になればなるほど、頭がからっぽ、つまり馬鹿になる。度しがたいごう慢は、この二人の頭をからっぽにさせ、手の施しようのない馬鹿の極致にさせた。

よって黙示録のヨハネもキリスト教の偉い方々が崇拝するパウロも馬鹿の極致の罪のため、二人とも地獄へとまっ逆さまに落ち、二人とも霊なる神に火のかまどに（最近投げ入れる人間の数が多すぎて、霊なる神は海のように広い火のかまどを造られたことも書いた）放り投げ入れられ、消滅する憂き目となった。

この二人の馬鹿はもう並ではなく手の施しようもなく、二人とも霊肉ともに腐《くさ》っていた。さらに度しがたいのはこの二人が、自分が捨てられた、とは思っていないことである。

「私は黙示録のヨハネだ」、「俺はあの有名なパウロだ」。自分たちが救われずして、自分たちが天国へ往かずして誰が行く。我々こそは天国往きの人間だ、自分たちこそが神に愛されるにふさわしい、神が愛するのは自分たちだ、我々にまさる人間はこの世にはいない」

馬鹿ですねー。パウロは私に会わせたがらなかったけれど、強引に自分の意志で来た、と言っていましたが、嘘をつくのでどこまでが本当なのか。ある日突然私の前に彼女は現れました。ひとしきり話をした後、彼女が「また来てもいいですか？」と言ったとき、「いいえ、もう来ないで、私の前に現れないで」と言ったところまでは先の本『メギドの丘』に書きました。

あれから三年近く、葛藤と戦いの日々でした。まるで吸血鬼のように、パウロと黙示録のヨハネに全エネルギーを吸い取られ、もう一滴のエネルギーも残っていない、というところまで全エネルギーを吸い取られ、私はほんとにぶっ倒れてしまいました。

血を吸った吸血鬼が元気になるように、二人とも先に書いたように思いながら、また別の誰かの血を、エネルギーを吸い取りながら、火に投げ込まれるその日まで生きていくことでありましょう。

かつて二千年前、イエス・キリストの弟子であった黙示録のヨハネでさえ火に投げ込まれ消滅するのに、日本国イスラエル人のこの無責任人間集団、嘘つき人間集団はどうなると思います？　先に言ったように黙示録のヨハネについてですが、パウロと同様に私は手をこまねいていたわけではありません。パウロを救おうと必死になったように、ヨハネについてもぶっ倒れるまで頑張りました。

「悪魔が支配できないのはどんな人間だと思う？」と聞いた私に、彼女は自信満々の笑みを浮かべ「善人」と答えました。パウロも黙示録のヨハネも自分たちは善人の中の善人と思っています。馬鹿が‼

「実るほど、頭《こうべ》を垂れる稲穂かな」と言います。ごう慢人間の頭の中はからっぽです。人間はごう慢になればなるほど、頭の中がからっぽになり、本人だけが賢いつもりでいます。

誰の目から見ても馬鹿だとすぐわかるのに、自分ではそれに気付きません。スッぱだかで歩いていて皆に笑われているのに、本人は気付かず見えず、つまり裸の王様というやつです。

天皇・皇后陛下あたりになると、何しろお父上は現人神という自分も国民も認める神様だったのですから、何があろうと決して笑ったりしてはいけません。国民全員がそうです。

たとえ何があろうと決して笑ったり、悪口を言ったりしてはいけません。そんなことをしたら少し前までは憲兵が来て捕え、牢にぶち込まれました。出口王仁三郎師などは天皇を批判したとして二度も牢にぶち込まれました。七年間もです。

だから国民は何があろうと笑うなどとんでもないことです。つまり国民は始祖の代から今日まで天皇家の奴隷と言えなくもない。そういえば、この前の本『メギドの丘』の原稿は、あやうく没になりかけました。天皇家を批判しているとして出版社が「これはまずい」ということで、出版拒否になりかけました。

いつまで待っても連絡は来ず、担当者のY氏が「もめにもめています」と元気のない声で電話をしてきました。「この期に及んで何を言っているんですか!!」とつい彼の責任でもないのに怒鳴ってしまいましたが、ほとんど没になる状態でした。

ご存じのように文芸社は自費出版を手がける会社で、お金を払って本を作ってもらうところです。どうあがいても、何十年頑張っても、もうこの道しか私には道がありませんでした。

宣伝費まで入れて五冊の本を出すのに〇〇〇〇万円かかりました。五冊の本で〇〇〇〇万円です。中古の家が買えます。

誰にも口が裂けても言えない。言いたくもない。情けない限りで、実に情けない思いで、人に言えば「あんた馬鹿か‼」と言われるに決まっていますから、誰一人にも言いません。

とにかく何で私はこんな思いをしなくっちゃならないんだろう、と本の勇ましい内容とは裏腹に、半分喜び、半分落ち込んだ状態で過ごしました。ところがところが、その〇〇〇〇万円がすべて返ってきたのです。出版社に払ったお金がすべて返ってきたのです。

霊なる神は私を苦しめない。霊なる神は私に恥をかかせない。霊なる神は決して私を見捨てない。

どうだ!!　この奇蹟。奇蹟は神が起こすものである。人間に奇蹟は起こせない。人間で奇蹟を起こせるのはイエス・キリストぐらいである。馬鹿で阿呆の人間に奇蹟など起こせるわけがない。

ローマ法王よ、日本の天皇・皇后よ、神の代理人のような存在のあなた方（ローマ法王は、神の代理人と自らを呼ぶ）、奇蹟を起こしてこの地球に平和をもたらしてみてはどうでしょう。神の代理人であり、日々祈りを仕事としていると公言するあなたたち。私は祈りなど一度もしたことはありません。

前の本のどこかに書いたけれど、星に願いをしたことも一度もありません。私は、祈りも願いもしない人間です。私は偽善者ではありません。真に霊なる神を識る者は、そんなことは決してしません。

祈りは偽善者がするものです。あるいは欲深人間がするものです。

祈り、祈りと祈り倒すように祈っている姿を見せ、日々たゆまず偽善を行うあなたたち。人間のためにこの地球に平和をもたらしてはどうでしょう。フランス・パリの同時多発テロを食い止めたらどうでしょう？　百三十人の一般市民が死んだんですぞ。

なかったですね。
「祈り、祈り」と言いながら、キリスト教の偉い方々も日本の皇室も残念ながら防げ

恐るべき多くの難民を、自国民を殺し、命からがら国を追われ逃げなくてはならぬ恐ろしい数の難民を、アサドを、その祈りとやらでどうにかしたらどうかと思うのです。日本の皇室も、キリスト教の偉い方々も、その滅びの日は近い。

『メギドの丘』の原稿は、天皇を批判した、という理由で出版社が没にするな、と覚悟していた。ほとんどそうなる状態であった。

最初から私の本をすべて編集していたT氏が「私がやります」の一言でやっと出版が決まった、と担当者のY氏が電話をしてきた。

もめにもめた末、「何かあったらおまえが全責任を取れ、我々は反対なのだから、何かあったらおまえが全責任を取れ！」そういうことだと思う。編集のT氏は、私の原稿『メギドの丘』に自分の首をかけたのだと思う。

誰も知らない大切なことを書いている。私は黙示録のヨハネやパウロのような神に見放されるような人間ではない。

出版社に情けない思いで出したお金がすべて戻ってくる、これが一番の証明ではないか。神に捨てられるような人間なら、初めからこんなものを書きはしない。出版社にも未だ目覚めぬ偉いファミリーの奴隷がうじゃうじゃいる、ということである。

悪魔が操れない人間とは、「記憶力のよい人間」である。

どうでもよいことはどんどん忘れてよい。しかし、大切なことは、一度見たり聞いたり読んだりしたら、しっかり心にとどめ、自分の血となり肉とすることである。聞く能力を持った者は悪魔に聞いてみるとよい。「悪魔さん、悪魔さん、ところであなたたちの最も苦手とする人間、つまりあなたたちが操ろうと思っても操れない人間とは一体どういう人間なのですか」と。

「自分を善人と思っている人間が一番操りやすい。自分を善人と思っている人間はたいていごう慢なのだ。そのごう慢のからっぽの頭ほど操りやすいものはない。

何せ彼らの頭の中はからっぽなのだからこれほど簡単なことはない。我は悪魔なり、悪魔の頭《かしら》なり。私は悪魔の頭《かしら》だと言っているのに、おまえ、怖くはないのか」

「いいえ、別に。操れない人間とはどういう人間のことかを知りたいだけです」

「操れない人間とはおまえのような人間だ。何でもすぐに忘れるくせに、妙なことだけはしっかり覚えている。忘れる努力を必死でしているかと思えば、何十年も前のことを覚えていたりする。

つまりおまえは大切なことはしっかり心にとどめ、それを自分の成長の糧《かて》としてきた。わずか二年でにっくきイエス・キリストの精神と教えを自分のものにするという神業は、そうそう誰にでもできることではないぞ。

黙示録のヨハネとパウロを見よ。彼らは何十ぺん、何百ぺんおんなじことを言われても、大切なこととどうでもよいこととの区別がつかぬ。彼らはごう慢だから、最初から聞く耳を持たぬ。何を聞いても右から左へ抜ける。

大切なことが何かも頭がからっぽで馬鹿だからわからぬのだろう。一を聞いて十を知るなどということを彼らに求めてもそりゃー無理だ。心にとどめるなどという観念は、彼らにはないのだから。

『あなたたちは二人とも悪魔に操られている』とおまえは言っていたが、その通りだ。

あの二人を操るのは私の子分で十分だ。

私ではなく、あの二人は子分で十分だ。私の子分が今大活躍を致しておるぞ。楽しいのう。

世界が思った通りに乱れに乱れてきたぞ。つまりおまえのように妙なことをしっかり心にとどめ、一度聞いたらそれを忘れないような人間、その一度聞いたことを自分にとって大切と思い、成長の糧とするような人間、つまり、記憶力のよい人間というものは、どうにもやっかいで頭《かしら》のわしにも操れんのだ。

おまえたちがキリストと呼んでいるイエスという男を、我々が操れんのと同じでな」

「よくわかりました。お勤めご苦労さまです。もうすぐそのイエス・キリストの大審判が始まりますから、あなたもその前に急ぎ改心なさいますように」

「おう、わかったぞ、お互い頑張ろうな」

悪魔に聞く能力のある人は、聞いてみな。間違いなくこう答えるから。

六十歳を過ぎて〝ボクは、ボクは〟などと言う男

有名なニュース番組キャスターのFさん、先日古民家を自分で修復して日本の美しいすばらしい風景に魅せられて何十年も日本に住み世界中を旅しているという有名な人らしいアメリカ人がコメンテーターとして出演し、最初から最後まで〝わたくし〟という美しい日本語を使っているのに、あなたはメインキャスターのくせに最初から最後まで〝ボク、ボク〟だって。

あなたはメインのキャスターのくせにいつも〝ボク、ボク〟と自分のことを言う。六十も過ぎているくせに。

六十にも七十にもなる男が自分のことを〝ボク、ボク〟と言うのはあまりにも幼稚すぎます。日本の男が六十にも七十にもなって〝ボク、ボク〟と自分のことを言うなんて。

若ぶりたいのか本当に幼稚だからみんなそう言うのか、日本の男、皆幼稚人間集団です。あの日本の古民家を修復し、もう何十年も日本に住んでいるというアメリカの男性は、話の内容もすばらしく、最初から最後まで〝わたくし〟と言っていましたよ。

その言葉に心洗われ、久しぶりに何十年ぶりかもしれないけれど、美しいもの（修復された古民家とその周りの風景）、美しい人を見た思いでした。このアメリカの男の人、有名な人らしいけれど、初めて見る人で、何か美しい男の人間を久しぶりに見た、そんな感動でした。その横で六十も過ぎた男が、ちょうど六十歳と自分で言った気もするが〝ボクは、ボクは〟だって。

六十歳を過ぎて〝ボクは、ボクは〟などと言う男は皆精神未発達の幼稚人間、完成から程遠い、年ばかり食った未発達人間です。あまりにも長いことといい年をした人間の男たちから、〝ボク、ボク〟を聞かされすぎて、偉い人が並んで〝ボク〟と発したとたん、どれほど国際情勢や立派なお話をされようと〝ボク〟と言われたとたん何一つ話が耳に入らなくなった。あ、幼稚な人、と身体が拒絶反応を起こしてしまう。

国際的に対等な男として振る舞おうと思うならば、〝ボクは、ボクは〟はやめなければならない。それにしても多すぎる幼稚、未発達男人間が。

それともう一つ、難民問題や、この間の安保法案がどうのこうのや先日起きたパリ同時多発爆弾テロやエジプトのロシア航空機墜落事故や（ロシア、アメリカ、ヨーロッパがイスラム国による爆破と発表した）それらの専門家と言われる人が並んで、男も女も、話の中に必ず合いの手のように〝ま、と、まあ〟という言葉を入れる。まあ何とかかんとか、ま何とかかんとか、ま、と、まあ、がまるで話の中の合いの手である。聞き苦しい。

この上もない重大事件や、難民問題やパリ同時多発事件にまで、まあ、と、ま、を入れながらしゃべりまくる。ほとんどの人間が専門家と言われている人なのに、まあ、と、ま、を入れながらしゃべる。

自分のこととして受け取っていないのだろう。ま、日本は島国だからヨーロッパのように、ま、陸続きではないから、まあ海に囲まれているから、まそれほど心配はないと思います。ま、何せ海に囲まれていますから、ま、海を越えてくることはないのではないでしょうか。

まあ、あなたのような名ばかり有名なばかりで、ま、有名な専門家だから、ま、何か事が起こるたびに、まあ呼ばれて来られるのでしょうが、まああなたのような、ま、あなたたちのようなと言うべきでした。

ま、はっきり言いまして、ま、あなたたちのようなノー天気な日本人ばっかりで、ま、お目出たい日本人の集団ですから、まあ、そのうちに、ま、あなたたちも含めてみーんな死に絶えて、まあ、どこにも生きた日本人はいない、という結果に、ま、なることでしょう。

まあ、何せこの日本が一番最初につぶれると、ま、霊なる神様というお方がそう言われるので、ま、ほんとにそうなるでしょう。

ま、と、まあ、を合いの手のように入れることがずいぶん難しいということが今始めて使ってみてわかった。どうでもいい、言葉をあいまいにするとき、あまり深刻に、真剣に物事をとらえないとき、ま、と、まあ、を入れるのではなかろうか。

深刻な問題のときに、まあ、とか、ま、とかひんぱんに入れられると、その問題をなめているのか、と思えてくる。そして有名だという専門家の連中が、馬鹿に見えてしょうがなくなる。それでは馬鹿専門家集団国、日本だ。

　今までは世のため、人のためという考えが頭にあったが、怒りをぶちまけるために書くというのはどうだろうか。もう目の前に迫ってきているのに、「ま、日本は海に囲まれた島国だから、まあ、そこを渡ってくるというのは大変なことだから、ま、海を渡ってくることはないでしょう」。

　こういう専門家の話を聞いていると、フツフツと怒りが湧いてくる。すべて他人事、自分の身にさえ起こらなければよい、いざ自分の身に降りかかると、こんなはずではなかった、なぜ私がこんな目に、とは思うかもしれないが、なぜ日本がこんな目に、という考えなどこんな連中は持たないのだろう。

　パリ同時多発爆弾テロのとき、私は人間の本性を見た。責めているのではない。これが人間の本性だと思った。

　事件のあった場所に大勢の人が集まり皆手に花を持ち、そこは花で埋め尽くされ、亡くなった人たちを偲んでいた。二度目の爆発だったか銃撃だったか、大きな爆発音がしたとたん、それらの花束の上を踏みつけて、今まで厳粛な顔で祈りを捧げ、あるいは亡くなった人を偲んでいた人たちが、その捧げられたたくさんの花の上を踏みつぶし、必死の形相で皆逃げていた。自分の身の上に起こると皆こうなるのだと思った。献花も祈りもへったくれもない。我が身に起これば死者を偲ぶもない。献花を踏みつぶして我が身が第一。

普通だったら見過ごすだろうこの場面が、なぜ私の目に強烈に焼きついたかというと、今から半世紀近く前、一ヶ月間ヨーロッパを旅したとき、ドイツの人たちは見慣れない（50年以上前には日本人に出会うことはまずありませんでした）どこの国の人間かもわからない私に、みんなやさしくほほ笑みかけてくれました。どこの国だったか忘れましたが、まっ黒い髪をした人間を初めて見たのか、目を丸くして不思議そうに、無言で私の髪の毛を撫《な》でに来たおばさんがいました。

ローマでは、「バンビーノ！　バンビーノ！」と言いながら男たちがニッコニッコして、珍しい人間がいる、と思ったのでしょう。「バンビーノ！」（十九歳だったので、バンビーノ、子供だと思ったのでしょう）を連発しながら話しかけてきました。

六十歳を過ぎて〝ボクは、ボクは〟などと言う男

ポンペイでは、自分で作った作品だと思います。おそらく自作の作品を並べて売っていたお兄さんが、それを眺めている私に、そっと小さな十字架を、イエス・キリストが彫られている小さな十字架のネックレスを、「あげるからお金はいらない」と言って、タダでそれを私にくれました。こんなところに、こんなやさしい人がいるんだ、私はこの半世紀、あのポンペイの石畳みと、自作の大切な売り物である、それらを広げて売っていたあのお兄さんの顔と、お金はいらない、とただでそれを私にくれたあの人の親切を、今も忘れません。小さな、イエス・キリストが彫ってある十字架でした。

ローマの都市ポンペイは灰に埋もれ、埋もれた人間が掘り出され、大人や子供の灰に埋もれた人間の姿を見ましたが、噴火はしても火砕流が襲うなど夢にも思わず、噴火を見ながらも皆安心して暮らしていました。そしてあの恐ろしい火砕流がポンペイの町を襲い、人々は逃げる間もなく、火で焼かれ一瞬にして町は火と灰におおわれ、ポンペイは死の町と化してしまいました。

ベスビオ山は再び近く噴火するでありましょう。

フランスはどうだったかというと、異国の者になど目もくれない人々。人々も町中もヒヤヒヤと背筋に冷たさを感じる。当時も今も、あくまでも私の感想ですが、人々の完全なる無関心、町中に感じたあのひややかな感触。繰り返しますがあくまでも私の感想です。

当時も今現在もそれが忘れられずに残っており、パリに住む日本人の気が知れない、とさえ思ってしまいます。私は二度とパリには行かない、と今も思っており、つまり、フランス人は他の国の人に比べ異常にプライドが高いのだと思います。

それらの人々が、献花を踏みつけて、顔を恐怖に引きつらせ逃げまどう様は、他の人はどう思うかしれませんが、どれほどのプライドの高さを誇っていても、人間いざとなれば、つい今まで献花を捧げ、祈り、死者を弔っていた人々が、その花を踏みつけ逃げるのだ、と思ったのです。同じことは日本でも、確実に、間違いなく起こるのだ、と確信し、イタリアで起きたら、ローマ法王は人々を踏みつけながら逃げ出すのだろうか、と思ってしまった。

日本で起きたら、皇室の方々だって、日本国民のための祈りもへったくれもないかもしれない。ましてや国民は、これが我が身に降りかかってきたら、今のパリ市民どころではなく、人を踏み台にして我先に逃げるだろうな、と思う。

これだけのことが起きていて、フランスは戦争状態だと大統領が言っていて、こんな状態のときにまだ「ま、日本は海に囲まれた島国ですから、ま、海を渡ってくるのは不可能でしょうから、まあ、日本は大丈夫ではないでしょうか」などという馬鹿日本人専門家が、いの一番に恐怖に顔引きつらせて、人を踏みつけながら逃げ出すのだろう。何せ日本人は、無責任とフランスどころではない無関心と、奴隷民族集団ですからね。

霊なる神は、いの一番にこの日本国イスラエルをつぶす、と言われています。日本がつぶれるのが一番最初です。もはや日本人絶滅です。

何も、今か今かと爆弾が空から降ってきたり、この飛行機には爆弾が仕掛けられているのではないか、と日々恐れながら暮らしなさい、と言っているのではないのです。心にとどめていなさい、と言っているだけなのです。

「そんなことはあろうはずがない、日本だけは大丈夫だ」と、「日本も危ないかもしれない」と、「日本でも必ず起きる。間違いなく起こる」とは大きな差があります。間違いなく、必ず起こる、ということを心にしっかりとどめて日々を自分なりに有意義に過ごしなさい、ということです。

イエス・キリストが「恐れるな！　恐れるな！」と繰り返し言ったのは、「死を恐れるな！」と言ったのです。あとは私の本を読んでください。

二千年前、イエス・キリストが、「私が平和を持ってきたと思うな！　私は剣を持ってきた」と言ったのは、二千年後（いつ、とはわかっていなかったでしょうが）、自分が再臨したとき、何を持って再び顕れるか、を言ったのです。再び私が来るときは、愛などかけらも持ってはこぬぞ！　よく聞け！　イスラエルのユダヤ人たち、私が再び来るときは、平和など持ってはこないぞ。人間を裁くための剣を持ってくるぞ」そう言って、あのアウシュビッツが起きたのです。

ユダヤ人がイエスを殺したとき、「その男を殺す罪は、我々と我々の子孫に降りかかってもよい」と言いました。その言葉通り、イエスの再臨とまったく同時に、あのアウシュビッツが起きました。

日本はイスラエルです。『メギドの丘』を読んでください。真理については『預言の書』を。

皆覚悟しておけ！　二千年前に愛を説きながら、身を持って〝愛〟を実践しながら、次に自分がこの世に顕れるときのこと、つまり、次に自分が顕れるときは人間を滅ぼす大審判、最後の審判を施すためだから愛などかけらも持たず、「私が平和を持ってくるなどと思うな！　人間を滅ぼすために剣を持ってくるのだ！」と言ったのですが、すごいと思いません？

二千年前に、「次に自分が顕れるときはこうなるぞ。こういう状態で再び私は来るぞ」とおっしゃるなんて、もうすごい予言者、預言者だと思いませんか。すごいお方だと私は思います。

盲目ではなく、見る目、聞く耳があるならば、そう言って今この日本国イスラエルに再臨した、そう言って最後の審判を人類に施すために、今この日本に顕れたイエス・キリストに、ローマ法王も、そして日本の天皇・皇后も地面にひれ伏さなければならないのではないか、と思います。イエス・キリストと、この人たちがやっていることが違うのですから。魂がまったく違うのですから（ローマ・カトリック教会は、この私を弾圧している場合ではありません。しかし、26年前のあの弾圧は、実に激しいものでした。私、許しません！）。

それをされれば救われるでありましょう。今のままではローマ法王もそれに連なる信者も、決して救われることはありません。あくまで個人的意見ですが、天皇家も今のままなら、救われることはありません。天皇崇拝者とともに、間違いなくこっぴどい目にお遭いになると思います。

私の怒りの源となった二人

不思議なことに、フェイスブックや自分のブログで、私の書いた五冊の本の写真まで何回も何回も繰り返し載せてくれたり、他の人も必ず本の写真を載せてくれ、解説、賞賛、そして一人でも多くの人に読んでもらいたい、と、自分のブログやフェイスブックでも懸命に広めようとしてくれている人たちがいるのです。私はもうこれで死んでもいい、私の努力は報われた、感謝してもしきれない、とこれら会ったこともない人たちの行為・行動に、涙を流し、心底感謝し、今もまだその感謝と感動が続いている。しかし不思議なことに、どの本にもかつてもこれからも誰も、こんな天皇家の批判を書く者は出てくるまい、と言うほど、何しろ、そのせいでお金を出して出版してもらうというのに出版社が天皇家の批判があまりにもひどすぎる、という理由で、ほとんど没になりかけた私の本なのですが、とどめは『メギドの丘』だと思います。

しかしこの本に感動したとブログを書いてくれたり、「ここまではっきりと明言した人は今までかつて一人もいなかった」と五冊の本の写真まで載せ、一人でも多くの人に広めようと懸命になってくれている人が今現在もいたり、私にとっては完ぺきな共鳴文をブログに書いて載せてくれたりするのです。

ある人はフェイスブックに私の本の紹介をしてくれていますが、この方たちのおかげで三千人以上の人が読んでいるはずなのに、何とも不思議なことに、天皇家批判に対する抗議がどこからも一切来ません。

これだけの批判と悪口を堂々と書いているのに、どれかの本には「今の3・11の被災者と同じように、一銭も持たず、今の地位からお降りになることです。そうすれば、延命にすぎないが、日本が火の海になることだけは避けられる」と書きました。一番ひどいのは『メギドの丘』だと思います。

パウロは読んでみて、「ブログやフェイスブックに一切何も書くな！　自分たちにも抗議が来る可能性があるから、よけいなことをするな！」と黙示録のヨハネに言ったそうで、ただただ私にへばりついて甘えて、私から全エネルギーを吸い取り尽くし、よって、霊なる神と私から捨てられ、放浪者となりました。最後には火のかまに投げ入れられ、消滅が決定です。

何もかも知っていて、私に三日とあけずへばりつき、黙示録のヨハネは、「愛をください、私に愛をください、私にはあなたの愛が必要なのです。私は狂ってしまいそうです。兄からも、おまえ狂うぞ、と言われました。私にはあなたの愛が必要なのです。愛をくださいい愛を!!」と言うのです。

三日とあけず私の前に現れ、真理など頭にも耳にも心にも魂などにも入るわけがなく、何十ぺんも同じことを話しても何一つ頭にも心にも入ってはおらず、何度追い帰したかわかりません。私の前に座ったとたん、「何しに来た？　帰りなさい！」そう言っても帰ろうとしない。

「愛を！　愛を！　あなたの愛を！　私は狂ってしまいます」

「あなたのような人間を愛情乞食というのよ！」

「え？　初めて言われました」だと。

私の知らない間にブログを書いてくれている人たちと交信し、フェイスブックには他の人に読まれないようにする方法があるらしく「ヨハネのご活躍お祈りしています、という返事が来て驚きました。私、この○○さんと縁があるようです」と目を輝かせて報告したり、もう一人のフェイスブックとブログの人と「明日○○さんと会う約束をしています」と前日に言われ仰天したり、「あなた私の本を利用してるのよ！　わからないの！」と、もうメチャクチャ。

黙示録のヨハネである自分を信じさせようと、私の知らないところで私の会ったこともないこれら心底感謝している尊い協力者の人たちとやり取りをし、会う約束までして。これら協力者の人たちが会って五分も話せば彼女の頭の中がからっぽということがすぐにばれてしまう。

この女と私と、どういう関係があるのか。私が頼んでよこすのか。相手はそう思うでしょう。頼みもしないことを馬鹿が!!

私は焦る。ゲーテが「活動的なバカほど恐ろしいものはない」と言ったそうですが、恐ろしすぎて目が回りました。めまいです。三年間の間に私は黙示録のヨハネに全エネルギーを吸い取られ、その前にパウロの馬鹿にエネルギーのほとんどを吸い取られていたため、黙示録のヨハネの出現で、もう一滴のエネルギーもなくなり、ほんとにぶっ倒れてしまいました。担当者のY氏が、「彼女ってどんな人ですか」と聞いたので「スタッフ細胞のあの人と思えばいい。顔も性格もそっくりだから」と言ったら「なるほど」と答えました。

最後に「じゃあこれをやっておきま〜〜す」とY氏が言ったのでケタケタ笑ってしまったが笑いごとではない。「三十九歳にもなって！」と言ったら「もう四十になりました」と言いました。

彼女のことを「若い女性」と前の本に書いたら、「三十九歳を若い女性とは言わないのでは」と編集のTさんからピシャリと指摘されてしまいました。

（いい年をした女なのに）私には真理ではなく「愛」を求めてくる。私の知らないところでは、黙示録のヨハネになり、からっぽの頭でパウロ同様ごう慢の限りで生きている。

何時間、何年同じことを話しても外に出ればもう私の言葉は二人とも完全に消えている。何一つ彼らの心には私の言葉は入っていない。

昔、こういうことがあった。イエス・キリストの前に青年が座り、師は一所懸命何時間も話をされていた。ありがたい青年だなあ。すばらしいお方からすばらしいお話をあれほど長く聞かせていただくなんて、ずいぶん徳を持った青年なのだな、と私は思っていた。

彼が帰ったあと、師は私に言われた。「あの子は今頃舌を出しているよ」と。

聞いたふりをしていても、外に出ればパウロも黙示録のヨハネも舌を出しているのである。私は二人と、そしてヨハネと話をしているとき、三十数年前の、師の、イエス・キリストのこの言葉を思い出した。

「著作家のT氏がこう言っていたよ、あなたのような人を〝根拠なき自尊心〟の持ち主だって」

「共通語を持ち合わせない人たちが世の中にはいるとも言っていたよ」

私の影響でT氏の本もすべて買い、彼女も持って読んでいる。本を読んでも何一つ身に付かない人間がいるようである。

来始めの頃「本の中に田舎者と書いてあったので、ほんとに田舎のショボショボっとした人かと思ったら、全然違うんですね」と言った。「あなたね、田舎者と書いていても、私の本を理解できるような人たちは、あなたのような考えは決して持たないよ」

「私はほめ言葉のつもりで言ったのですが」

「私にも本が書けるような気がします」

「あなたのように頭がからっぽで何を書くかの目的もない者が書けるわけがないでしょう。原稿用紙五枚も書けないと思うよ。私は五冊の本を出すのに宣伝費まで含めて、〇〇〇〇万円のお金を払ったんだよ。

前にも言ったでしょ、ただではないって！　これだけ払ったって！　ここまで来るのに三十二年もかかっているって何度同じことを言わせるのよ、お金がこれだけかかっているって。

この私でさえお金を払ってしか本が作れなかったって何回言えばいいのよ。自分にも本が書けるなんて軽々しいことを言いなさんな」

汚い、けがれた二面性の性格を持つ、その上、黙示録のヨハネはケロケロッとして平気で私に嘘をつく。もう一滴のエネルギーもなくなり、「私はもうあなたたち二人のことは知らない。一般の人より罪は大きい、と二人とも覚えておきなさい。パウロと黙示録のヨハネであると自ら知っていながら、もう救いはないと思いなさい。一般の普通の人より激しく厳しい天罰が来ることを覚悟しておきなさい」

「あなたの神と私の神は違います!!」

この言葉が決定打となり、やっと完全に二人から解放されました。やっと今エネルギーを取り戻したところですが、私の怒りの源は、この二人にあるのかもしれません。悲しみと虚しさがひしひしと襲い、怒りとなっているのかもしれません。

私の頭の中にはお釈迦様の言葉が入っています。

人間には四つの種類の人がいる、と。

「天国から来て、天国へと赴く人
天国から来て、地獄へと赴く人
地獄から来て、天国へと赴く人

地獄から来て、地獄へと赴く人」

お釈迦様の言葉です。

地獄から来た者を天国へと引き上げようとするからぶっ倒れるのです。

「スタップ細胞はありま〜す」の人と「エンブレムは断じてぬすんでいませ〜ん」と言い張る人に誰か「嘘をついて申し訳ありませんでした。世界まで騒がせてしまって、死んでお詫びします」と言わせることのできる人がどこかにいるでしょうか。エンブレムは盗まれた人が、「これは私の作品だ！　許さん！　訴える！」と最後まで訴えのかまえでした。

縦から見ても横から見ても斜めから見てもまるで同じなのに、描いた本人が盗まれたから訴える、と言っているのに、あるいは実験で証明できないものを見つけたと主張して、未だ日本のみならず、世界中を巻き込んで騒がせたこの二人、反省の色のかけらもなし。こんなことを言っては失礼ですが、地獄から来て、地獄へ往く人ではないか、と思ってしまいます。

今、やさしいことを言っている場合ではないのです!! イエス・キリストが剣を振りかざし、「嘘つき人間やごう慢人間、私の大嫌いな偽善者よ! さあ出てこい!! その首を切り落としてやろうぞ!! あとは霊なる神が、私の父上が、火のかまに投げ入れてくださるぞ!!」と言って待ちかまえているのです。やさしいことや遠慮などしている場合ではない!! 馬鹿人間どもが!!

前出のT氏が私に的確な言葉を教えてくれました。「根拠なき自尊心」、同じ日本人でありながら「共通の言語を持てない人たち」。地獄から来て、また地獄へと赴く人たちばかりだからなのですねえ。目からうろこが落ちました。「もう駄目です、手遅れです、危険水域を越えています」も印象的で、共鳴大の一つでした。

週刊文春のT氏のバカに関する連載が突然中止になりました。「私の力不足で」と書いてありましたが、バカ集団のバカたちが、「バカと言うもんがバカ」とかなんとか言って引きずりおろしたのでしょう。バカたちが、ゾンビのような顔をして、「うらめしや~、あんたね、バカと言うもんがバカとよ、ゾンビの私たちが言うとが正しかとよ、あんたは一人、この私たちゾンビの数を見なさい、あんたの負けよ、はよやめなさい」おそらく、ではなく間違いなくこういうことなのでしょう。

戦友を失ったようで、心にぽっかり穴があいています。彼の本を繰り返し繰り返し読むことで、戦友を失った淋しさをまぎらわしています。

初めてイチゴを植えてみた

そういうわけで、天皇批判へのクレーム及び、攻撃がただの一つも来ません。キリスト教の偉い方々が、またあのけたたましい弾圧をするのでは、と待ちかまえていたけれど、「私は後継者、ペテロのあとを継ぐことはできない」と言って、突然前のローマ法王がわずか数年で辞めていったきり、うんともすんとも何も言ってきません。

私は数日前、くわを買ってきて、少し土地（土地というほどではありませんが、花だんの横の少しの土です）を耕して、初めてイチゴを植えてみたところです。一つの苗に小さなまっ赤なイチゴがついており、「わっ、かわいいね！」「今食べてもまだすっぱいよ」と、売り場のお姉さんと会話を交わしながら、鳥に食べられないようにバリケードをして、赤い実の成るものは、まっ赤に熟したとたん、毎日鳥がやってきて、あっという間に食べてしまいます。

そんなにおいしいんだろうかと思い、一度私も食べてみましたが、硬くて硬くて歯が立ちません。よく見てみると鳥たちは、咬まずに飲み込んでいます。

咬まずに飲み込んでおいしいんだろうか。とにかく赤い実はすべて鳥たちに食べられてしまうので、この五つの苗になるイチゴだけはやらないぞ、とバリケードをしてみたところです。

イチゴ作りの上手な近所のおばちゃんに聞き込みに行き、「五つも植えなくても、一つか二つでこれだけ増えたんだから、春になって実がついたらまた食べに来てごらん」。去年の春、おばちゃんちのイチゴをちぎって二人でパクパク食べて、そのあまりのおいしさが忘れられず、よし、イチゴだ、イチゴ、と思いつき、鳥が食べないようにバリケードをしたところです。

花の世話も草取りもイチゴも植え、私のエネルギーも戻ってきたな、と思ったら、またぞろ原稿用紙を取り出して、私って何をしようとしてるんだ！　やめとけ！　やめとけ！　やめるんだ〜！　ともう一人の私が叫び、何を言っているのよ、気が向かなかったら捨てればいいこつじゃん。

立派な私の尊敬するF氏が懸命に正しいことを必死で訴えていて、「私があれだけ言って、書いたのに政府には何一つ届かない」と嘆いておられるのに、戦友のT氏はゾンビたちにやられてしまったのに、無駄だ！　無駄だ！　もう書くのはやめておけ！　何を書いても無駄なのだあ～!!　ともう一人の私が叫んでいる。

わかっている、こんな偉い人が正しいことを懸命に訴え叫んでいるのに、私の戦友のT氏が「バカ」に「バカ」と、まったく正しく本当のことを言っているのに、世間が引きずりおろすのだから。戦いである。戦争である。戦争状態に突入、はフランスだけではない。

悪魔の親分に、「もうそろそろあなたも改心なさったら？」と言ったら「おう、わかった、お互いに頑張ろうぜ」と言っていた。悪魔の親分が改心して天国へ往き、霊なる神様から「悪のご用立派であったぞよ、ご苦労であった」とほめられ、「なーに、ちょろいもんですよ、人間を操るなんて、あまりにも簡単なんで驚きましたよ、どうなっているんです？」と答えたら、「地獄から来たもんばっかりが増えているからだ。

もう最初から悪しきものを持って生まれてきているからだ。それにしてもこれほど汚れた時代も、星も、惑星も、かつて一度もないぞ。ペテロに書かせた通り、地球という惑星も太陽系銀河も、汚れた人間どもと一緒に見事に消してみせるぞ。汚くてどうにもならぬ。ここへ来られる人間は、10人はおらぬ、と内心ペテロは秘かに思っておるぞ」とおっしゃる。

「主よ、霊なる神様、私の子分たちがー、地上で未だドカーン、ドカーン、バンバンバンとやっている私の子分たちを置いてきたことが未だ気がかりで」と言えば、「うるさい!! 何を申しておるか!! 放っておくのじゃ。頭よくなれよ、賢くなれよ、人間は自分で考えるものじゃ、子供ではあるまいし。親分がいなくなっても改心する者は改心し、改心せぬ者は改心せぬ。放っておけ! バカタレが!! 地上でのクセを持ち込むなよ。悪魔のルシファーと呼ばれたおまえが戻ってきたのだ。悪のご用ご苦労であったぞ」との答え。

皇室は危機に瀕している

「首相は、愚か者の上、嘘つきで、無責任男です」と『メギドの丘』の中に書いた。愚かだから、日本人が二人もイスラム国に捕虜としてつかまっているのに、こともあろうに、「イスラム国と対立する中東諸国へ、2億ドルの人道支援をする」と海外で公表したとたん、他のどの国の捕虜にもしなかった、アジアではこの日本人だけ斬首映像の動画が流された。バカで阿呆で軽はずみでこの無責任な行動によって、小さな島国の日本など目もくれていなかったイスラム国が、あんな小さな島国に、どの国よりも憎い自分たちの敵がいたのか、と気付いた。

アジアの誰一人も流さなかった首を切られて殺される様を、彼らは動画映像で流した。イスラム国の日本への憎しみ、憎悪がこれでわかろうというものである。

敵対する国とは、憎しみ合う国とは思ってもいなかった、まるで眼中にはなかった日本国に、首相ともあろう者が自分たちに戦いを挑んできた、となってしまった。愚かで阿呆で軽はずみで軽薄きわまりない、自分のとった行動がどういうことをもたらすのかさえわからない、考えない軽薄な首相のせいで、彼らはどの国よりもこの日本に憎悪を持つに至っている。

「島国だから、ま、大丈夫でしょう」と言っている専門家とやらがいるようなバカ集団、ノー天気集団、ほとんどの者が危ないな、とは思ったり、言ったりしているが、「まあ、自分の身に危険が及ぶことはないだろう」と思っている。

皇室は他の国により危機にさらされる。イスラム国ではない。北から来るバビロンの王が率いるアメリカと並ぶ超大国が日本の皇室を危機に陥れる。

北から来るバビロンの王などと遠慮している時ではない。はっきりと言っておきます。ロシアです。ロシアが皇室を危機に陥れ、それが引き金となり、日本が再び火の海となる。忘れないで、覚えておいてください。

イスラム国が日本にやることは、前座、予備、それらが起こる前段階である。人間に恐怖を与えることが彼らの目的である。いつまでたっても、どれだけ待っても改心しない、悔い改めない。

金《カネ》、金《カネ》、金《カネ》、金《カネ》、金《カネ》もうけだけにしか目が行かない、カネの亡者《もうじゃ》となり下がった人間どもに、霊なる神が彼らを使って恐怖を与えているのである。恐怖によって一人、二人は改心する者が出てくるかな？　霊なる神の考えはその程度である。

イスラム国というすばらしい霊なる神の使者。悪のご用の使者が、もうイエス・キリストの最後の審判まで時間がないので、急ぎ現れたのである。霊なる神の悪のご用の使者。人間を恐怖に落とし込め、そこからどれだけの人間が改心し、新しい天と地へ行く者が出てくるか。

霊なる神はのんびりしたものである。のんびり、ゆっくり、さあこれでどうかな？　悪のご用頑張ってくれよ、どんどん人間どもに恐怖を与えるのだ。これは私の「愛」ぞ。恐怖という道具を使った「愛」ぞ。

最後はあなたたちも改心して、新しい天と地へ往く者とならねばならぬぞ。悪のご用、ご苦労ぞ。

日本のトップの男の改心無理であるぞ。この男はどうにもならん。手が付けられん。

頭からっぽぞ。三年間で20兆円も国民の税を世界でバラまいて回ったぞ。

よいか、日本国民よ。あなた方からむしり取った税金を、この男、わずか三年間で20兆円も世界のあちこちでうれしそうにバラまいて回ったぞ。この男の頭からっぽぞ。ごう慢男だから頭の中身からっぽぞ。

それだけではない、もうしでかしたことだから後の祭りだが、国民が絶望のどん底につき落ちるようなことをこの男しているぞ。もう後の祭りじゃ。

この男は救われん。救いようがない。天皇家も危ないぞ。日本人よ、はよ目を覚ませ。ペテロやペテロ、十人もいやしない、と嘆くな、この私がイスラム国を使って恐怖を与えるのだ。人間どもにな。

少しは増えるかもしれんぞ。だから焦《あせ》るな！　と言ったろう？　焦るな！　嘆くな！　と言ったろう？

次にはイエスが待ちかまえておるぞ。人間に恐怖を与えるためにな。イエスの恐怖はイスラム国どころではないぞ。地球上に恐怖が降り注ぐぞ。恐怖による私の愛だ。恐怖によるイエスの愛だ。

ゾンビだけは救えんぞ。ゾンビ人間すべてまっ殺ぞ。もう少し待て。焦るな！　イチゴの成育でも眺めておりなさい。もう少しだ。今しばらくだ。

私は常にそなたとともにあるぞ。イエスも離れてはいても、常にそなたのことを思っているぞ。

イエスも常に、片時も離れず、そなたとともにいるぞ。肉体は離れていても、だ。

今少し待て。もうしばらく待て。

中国の貧しき人々よりも、日本人の方がけがれている

ネコもしゃくしもみんな髪を金髪に染めている。この田舎の若主婦たちも20代の女性たちもみんな髪をくり色か、茶髪に染めている。

日本人のまっ黒い髪をした若者（今度隣に越してきた若主婦は35歳だから、編集のTさんから39歳を若い女性とはいわないのでは？　と言われて沈黙してしまった経験があるから、若主婦とは言わないのかもしれない）、大阪から越してきたこの若く見える主婦も、この家の前の持ち主も三人子供がいたが、もう今年40になったと思うが、この若そうに見えた主婦も髪をいつもきれいにくり色に染めていた。

テレビに出てくる芸能人たちだけではなく、この田舎に住む若人と、若人のように見える主婦たちも、みんなみんな髪をくり色か茶髪に染めている。何だかどうにも気持ちが悪い。

美輪さんやたけしさんのあの髪の色は、まっ黒にすると白髪が目立つから、「えーいめんどうくさい。この色にしとけ」とおしゃれでしているわけではなく、あの色にしておくと白髪がまったく目立たないのであろう。

芸能界の人でもあるし、八十歳ともうすぐ七十歳である。二人がおしゃれであの髪の色をしているわけではないと思う。

日本国中の二十代や三十代の者が何で髪をわざわざ茶髪やくり色に染めるのだろうか。「黒じゃだめなんですか！　茶髪じゃないとだめなんですか！」

週刊誌と本を持って毎日行く近くのファミリーレストランの店員、20代の中国人の「チョウ」さん、二十代であるが、一人っ子だというのにこんな田舎に来て、時々は中国に帰って「もう来ない方がいいんじゃない？　両親のところにいたら？」と何度も言ったが、「中国寒い、こっちがいい」と言ってまたすぐ戻ってくる。

淋しい思いをしていやしないか、と、真冬に自転車で来ると言うので、毛糸の帽子、マフラー、手袋、厚目のダウンジャケットを持っていってあげたら、喜んで着ている。65歳以上の人に民生委員さんが、年に2回おはぎと、12月には毎年必ずふかふかのできたておもちを持ってきてくれるが、それらも彼女に持っていく。

その彼女が先日髪を金髪にしていた。「髪染めたね」と言ったら「うん、店長に怒られた」「ちょっと赤すぎるね」。「するな」とは言わなかったが、黒い髪のときの方が可愛いかった。日本全国、金髪と茶髪だらけ。「黒じゃだめなんでしょうか、赤じゃないといけないんでしょうか」

中国人が真似をする、盗む、と日本人は批判をするが、自分たちもまったく同じことをやっているではないか。真似る、盗む、なら日本も中国にひけを取らない。

山崎豊子氏の「大地の子」を見て以来、私は中国人の貧しいところに住む人々、名も無き人々の魂の偉大さを見て感動し、涙した。中国の、名も無き人々、貧しき人々のことである。

日本人に置き去りにされた小さな子供たちを我が子と同様に育てる日本人がどこかにいるか？

憎き敵国である日本人が置き去りにした子供を、命がけで守り育てる日本人などどこかにいるだろうか。

日本人残留孤児である。この人たちはすべて日本人が自分たちだけ、大人だけ逃げ出し、あるいは殺され、一人中国に取り残され、中国人に大切に育てられてきた人たちである。

中国の名も無き、貧しき人々よりも、日本人の方がずっと汚く、その魂はけがれている。あなたは敵国の子供を我が子として育てる自信があるか。自分にそう問うてみるがいい。

毎週「サンデー毎日」を読みながら、ここだけはいつもスッ飛ばしていた。一度も読んだことがない。

大変な失礼をお詫びしながら引用させていただく。私もしっかり噛みしめるから、日本人よ、よくよく噛みしめよ。

「倉重篤郎のサンデー時評」（no.76）である。

官邸前、珠玉の一人芝居
安保論議が植えつけた種

首相官邸前の交差点。

安倍晋三首相の住まう館と道路一つ隔てた歩道は、週末ともなると、安保法制や原発再稼働反対グループであふれる名所であるが、その日の夕時は、一味違うパフォーマンスが繰り広げられていた。

背の高い男性が、一人朗々と声を張り上げ、両手を広げて、戦争と平和について語り始めた。

「私、アレン・ネルソンは1947年ブルックリンで生まれました……」。極貧に育った黒人青年である私を主人公にした一人芝居だった。

◇　◇　◇

私は18歳で海兵隊に入り、ベトナムで多数の民間人を殺傷して帰国後PTSD（心的外傷後ストレス障害）にかかり悪夢にうなされる。ある日、小学校教師をしている高校時代の友人に会い、子供たちにベトナムの体験談を話すよう頼まれる。

私はそれを受ける。「ベトナムは蒸し暑い。ジャングルには見たこともない虫がたくさんいる。その中でベトナム兵と米兵が戦い、多くの人が死んだ……」。私は評論家のようにきれいごとを語った。

「ベトナムの家はどんな家？」

「子供たちは学校へ行くか？」

いくつか質問があった。

「時間なので最後の質問です」

（中略）

「あなたは人を殺しましたか？」

私は返答に悩む。数え切れないほどの人を殺した。ただ、それを語ると残虐な殺人者になってしまう。戦争で活躍したヒーローの話を聞きたかったはずだ。だが、子供たちには嘘《うそ》をつけない。どのくらい沈黙が続いたか。気がつくと私はつぶやくように答えていた。

「……殺した」

ここに来るべきではなかった。皆、私を恐れ、憎むだろう。

「かわいそうなミスターネルソン」

「えっ？」

子供たちは泣きながら私を抱きしめてくれたのだ。

私は戦場での殺人という自分の罪を認めることでＰＴＳＤから回復するきっかけを得た。

米国人はベトナム戦争が間違いだったと思っている。だが、悲しいことに戦争が間違いであるとは思っていない。

私は、沖縄の米兵による少女暴行事件（95年）を機に日本でも活動を始めるようになった。

訓練を受けた沖縄の基地がまだ残っていることに驚いたが、何よりも驚いたのは日本の友人が教えてくれた憲法9条の存在だった。

（中略）

◇　◇　◇

――この間30分。最後まで聴いてしまった。さわやかな魅力があった。拡声器を使わない。一方的に糾弾するシュプレヒコールでもない。数に頼むわけでもない。ただ、ベトナム帰還兵から見た9条というストーリーを一人淡々と、かつ敢然と演じただけ。だが、今の日本に対するリアルなメッセージが込められているような気がした。

男性をお茶に誘って聞いた。

「ここでやるのは今日が初めて。ドキドキでした。警察ざたを懸念したが、憲法の素晴らしさを伝えているだけで、やめろと言われるはずがない、と信じてやった」

「ノンポリです。政治にも無関心だったけど、シールズ（安保法制に反対する学生集団）の動きに触発された。日本の平和の光景が脅かされている気がして、いてもたってもいられなくなった」

（中略）

安保法制論議のもたらしたものはいろいろある。首相は、中国の台頭に切れ目のない日米同盟強化を実現できたと、ご満悦であろう。野党は、これを政界再編の契機にすべく動き始めた。国民世論はなお、真っ二つに割れている。

我々はあまりに自国の安全保障に対して無自覚でありすぎた。憲法9条と日米安保条約がどのような形で戦後日本の平和と安定を維持してきたか、国民レベルでの議論は極めて薄かった。

それが分かっただけでも、貴重なレッスンである。それよりも議論の種に注目したい。国会の壁を越え、国民一人一人の意識の中にまかれたのではなかろうか。それぞれが心の中にそれぞれのアレン・ネルソンを持ちそれぞれの発信を継続すること。それが熟度の高い民主主義の根っことなる。いずれ葉が茂り、実をつけるだろう。

——

私のイチゴもまた少し葉が茂り、葉っぱも大きく青々としてきた。そのうち実もなることだろう（何しろ初めてのこころみなので……）。

海外での金のバラまきをやめなければ

週刊誌によると、皇室のある方は「キリスト教についてどう思うか」というレポートを書く授業時間に、みんなもう書き終えて出ていってしまったのに、一人まだポッンと座っておられたそうである（級友の話）。よく授業に遅れて来られるので一斉に皆が振り返って見てしまうが、服がハデハデで、とっても目立つという（級友の話）。自分のところの生徒は皆地味な服装が多いので、その方はどこにいても服装ですぐわかる（級友の話）。学食のネギトロ丼《どん》を「これ五百円って高いよね」と言われたがマックに行っても五百円ぐらいすぐなくなるのに、ご存じないのかと思った（級友の話）。

個人的な意見だが、ネギトロ丼にどれほど多くの人の手と労力とお金がかかり、学食までたどり着き、自分の口に入るかをご存じなく、考えもされないのではないか。

そもそも、学食のネギトロ丼を「これ高いよね」と級友に言われること自体、品のないことだと思う。

わざとらしい。高いと思うなら黙って安いものを頼めばよいと思う。一般庶民の私でさえそうするのに、皇室の方である。

少し前、近くに住む友人が「神道であるはずの天皇家が、キリスト教の大学に行くなんて、とみんな言っているよ」と言ったのを聞いて驚いたことがある。公民館のダンスサークルのおばちゃんたちが、どうしてそんなことを知っているのだろうと。冗談抜きに私は「エッ?」と驚いたのだった。

田舎のおばちゃんたちがそんなところを見ているなどと思ってもいなかった。あのおばちゃんたち、どこで情報を仕入れるのだろう、と。毎週、週刊誌を七冊も読んでいるのに、私はまったくそのことに何も感じていなかった。私以上に天皇家を見ているおばちゃんたちがいることに驚いた。

「キリスト教についてどう思うか」のレポートを、その方は書けなかったのだと思う。「キリスト教についてどう思うか」のレポートだったら、私だったら本二冊分はすぐに書いてしまう。

「三十歳近くまで私はキリスト教の聖書というものは、あれはおとぎ話だと思っておりました。中学のときから教会に通いながら、プロテスタント系のキリスト教の中・高の学校でしたが、聖書を持ってはいましたが、こんなのおとぎ話だと本気で思っておりました。その後聖書などどこかへ行ってしまい、あわてて書店に聖書を買いに行ったのは、33歳になったときのことでした。

（筆者注・前の本に「中学三年間教会に通った」と書きましたので、釈明します。当時住んでいた家のすぐ前にあった県立高校に入学しました。先輩に作曲家のNさんがおられますが、Nさんは早稲田大学へ行かれました。

完全進学校で、音大志望の者など蹴ちらされますので、家でガンガンピアノを弾いていましたが、学校では、静かに、おとなしくしていました。皆さんの邪魔にならないように）

長じまして今は、「キリスト教は邪教です！」というT氏訳の本のタイトルと内容に影響されたわけでは決してありませんが、わたくし今は本気でそのように思っております。〝キリスト教は邪教です！〟と。

キリスト教の大学に通いながら、先生方の講義を受けながら、こんなことを申し上げるのもなんなのですが、わたくしの偽らざる気持ちなのです。その理由を申し上げさせていただきたいと思います。云々《うんぬん》……という具合で、話し出したら止まらない私ですから、このテーマでなら本二冊分ぐらいあっという間に書いてしまいます。

かわいそうに、おそらく何も書けなかったのでしょう。もう皆書き終えて教室を出ているのに、そのお方一人だけ、ポツンと教室に座っておられたそうです。

無理でしょう、どう考えても書けないでしょう。アマテラスを始祖とする神道を営々と築いてこられた皇室のお方が、「キリスト教についてどう思うか」というレポートなど書けないでしょう。天皇、皇后だったら、その質問は却下します、ですむかもしれませんが、大学の授業ですから、無理にでも何か書かなくちゃいけないでしょう。

皇族のお方ということで、たとえ白紙で出してもどうにかしてくれるかもしれませんが――。一般庶民は白紙で出したら0点です。進級にも影響を及ぼします。

天皇家のおっかけおばちゃんたちなら、ミーハーの見ていて恥ずかしくなるおっかけおばちゃんたちなら「がんばって〜」と叫ぶでしょうが。あまりにも気の毒な光景を級友たちの言葉から知ってしまい、胸を痛めて、わたくしは沈黙します。

先日の記者会見で（最近ではなく少し前）天皇陛下が「天皇というものは孤独なものです」と発言されたとき、「カチ〜ン」と頭に来て、怒りがむらむらと湧き上がったのは私だけでしょうか。あれだけの子供や孫に囲まれて、腕を組み、そばに寄り添う皇后がいて、つい最近は、葉山で手をつないで写っておられました。

侍従や数え切れぬ召使いにかしずかれ、専属の医師やおびただしい警護の警察を従え、守られ「天皇というものは孤独なものです」とは記者会見でこれはないでしょう。あり得ない、と私は思ってしまった。

国民に媚びておられるのか。

本当の孤独とは、誰にも看とられず、たった一人で死んで往かねばならない人、まわりに誰一人もおらず、たった一人で恐ろしいであろう、淋しく悲しいであろう、一人で死を迎えねばならない人のことを孤独者、孤独の人と常日頃から思っていたので、この記者会見での天皇の「天皇とは孤独なものです」を聞いたとたん、ほんとにカチ～ンと来て、怒りがむらむらと湧いてきてしまったのです。

本当の孤独者は、誰にも気付かれずに死ぬかもしれない、周囲に迷惑をかけるかもしれない、とてつもなく大きな不安と、恐怖と、これ以上もないほどの大きな孤独を抱えながら、死ぬその日までそれらの思いを抱きながら生きているのです。何を言っておられるのですか！　甘えなさんな！　と叱咤したくなってしまったのです。

どこまで甘えれば気がすむのですか！　と。考えは人それぞれでしょうが、私は天皇のこの言葉に正直怒りを覚えてしまったのです。

今、現在もお金の節約のため、お金がないため〝草〟を食べて過ごしている人がいる。今日は葬式代がなく、親族から責められると思い、八十五歳の母親を誰にも知らせず放置した人がいる。

今まで懸命に母親の介護をした末だそうです。六十五歳の男の人でしたが葬式を出すお金がなく、親族に責められると思ったからだそうです。

働きながら、親の介護は無理です。皆途中で自分の仕事を辞めています。アルバイトの賃金が上がった上がったと政府は恩きせがましく言うけれど、十円、二十円の話です。新入社員の初任給が上がった、とＮＨＫのニュースで騒ぐけれど二千円上がっただけのことです。

ほんとに何を言っているんですか。上から下までのこのざまは、もう日本も日本人も救われません。

誰か安倍さんの海外での恐ろしい金のバラまきを、血税を捨て金して回る安倍さんを、一刻も早く止《と》めなければ。国民は税負担で滅びます。ギリシャよりどこより先に、この日本が一番最初に滅びますよ。

天皇家の存在が危機に見舞われることで、再び日本が火の海と化します。私には天皇家を批判する気も冒涜する気もありませんが、そのようなビジョンが私には見えてしまいました（詳しくは私の前の本を読んでください）。

再び間違いなく日本は火の海と化します。黒こげの死体の山となって絶滅します。間違いなく必ずそうなります。

こんなこと前の五冊の（一冊は再発行本だから四冊）本の中にわんさかと書いているのに、どこからも、誰からも一切クレームも攻撃も来ません。二十六年前、あれほど激しくひどい弾圧をしたのに、キリスト教の偉い方々も何一つ嫌がらせも弾圧もしません。

「イエス・キリストは今どこにいるんですか⁉　十四万四千人、計算してみたら50万人に一人。そんなはずはない！　神がたったそれだけしか救わないはずがない！　あなたの言うことはおかしい。間違っている！　私は笑ってしまう、フン（笑）、とにかくあなたの言うことはおかしい！　神はすべての人を救われます‼」と私に食ってかかったクリスチャンの女も、自分の本の中で「説得力のすごさに、い、い、い、い、圧倒された」と私の本を読んだ感想として書いていました。言うこと、書いていることは気に入らないが、気にさわって文句を言いたいが、その半面、「説得力のすごさに圧倒された」そうであります。

私のけたたましさに圧倒されているのか、キリスト教の偉い方々も日本国民の誰一人からもクレームも攻撃も、抗議も、何一つ来ません。

だからのんびり花をかわいがったり、イチゴを植えてみたり、毎日遊びに来て庭でいねむりしているハトと遊んだり、赤い実を毎年飲み込んで全部たいらげてしまう鳥の観察をしてみたり、おかげさまでのんびりこういうことができているのです。感謝感謝です。

「セッションしましょ？」がたまらない

昔、四歳ぐらいの女の子がじっと私を見上げて、「ちょっと厳しすぎない？」と言ったことがあった。小さな女の子が、ちょこんとピアノの前のイスに座って、じっと私の目を見て、「ちょっと、厳しすぎない？」と言った。

おかしくておかしくて、今でもあのときの光景が忘れられない。音大卒業後、九州に帰ってピアノ教師をしていたときのことである。

学校の音楽の先生が二人、筑後市と羽犬塚《はいぬづか》市というけっこう遠いところからこの二人の先生は真剣な顔をして毎週通ってきていた。あとは福岡市から真剣に通ってくる高校生が一人。三歳から大人まで総勢三十二人の生徒がいた。

発表会をするため、三歳であろうと何歳であろうと人前で弾くのに失敗は許さない。人前で譜面を見ながら弾くなど許さない。

発表会のときは全員譜面なしである。国立音大ピアノ科にいたとき、ほとんどショパンとリストを弾いて過ごしたが、譜面を見るのはレッスンのときだけで、テストのときに譜面を見ながら弾く者など一人もいない。暗符していない者はもうそれだけで落第である。

コンサートで譜面を見ながら弾くピアニストなど一人もいない。音大を出た者は譜面さえあれば何でもすぐ弾ける。ショパンであろうがリストであろうがベートーベンであろうが、譜面さえあれば簡単に何でもすぐ弾ける。

直木賞作家のお兄さんが経営しているジャズ喫茶で、月に一、二度、生のジャズコンサートをやる。そこで直木賞作家と会った。彼のお兄さんのお店である。

「これが〝書かない直木賞作家〟と週刊誌に載っていた人か」とチラッと見ただけで話をしたわけではない。別の、もう少し近くにあるジャズ喫茶のオーナーが「これが最近彼が書いた本ですよ」とぶ厚い本を貸してくれたが、パラパラと数行読んでやめた。あまりおもしろくなかった。

週刊誌に書いてあったようにまったく書かない、ではないようである。私は彼をチラッと見て「フム、フム」と思っただけで、舞台のジャズ演奏の男たちに釘付けになっている。特にピアノ。

「よし、あの場所でそのうち私は絶対弾くぞ。彼らの仲間になるぞ」と必死で見て、聞くのである。リーダー格の男から「一緒にセッションしましょ？」と何度も誘われていた。

この「セッションしましょ？」の言葉がたまらないのである。何十年も一人でピアノに向き合ってきた私には、仲間とやるという、この「一緒にセッションしましょ？」がたまらないのである。

ハンサムで若いうますぎるほどうまい、ジャズピアニストに家に来てもらい、レッスンを受けることにした。ジャズピアノを譜面にした本を私は何冊も持っていた。それを広げたとたん、彼はそれを取り上げ「譜面を見てはだめです!!」と言った。前に何もない状態の姿で、私は金縛り状態になった。

固まって動かず何もしない私を見て、五線紙にAだのBだのCだのDだの、つまりアルファベットのコードというやつであるが、そのアルファベットだけを（しつこいがコードというやつである）さらさらと五線紙に書いて、「はい、これで何か弾いてみて」と言った。さらに私は固まり、固まったまま金縛り状態となり、ついに私は彼に席を譲り、彼の弾くジャズピアノの演奏を聞いて終わった。

いかに彼らの世界が難しく（人前で弾くには）厳しいものであるかを私はそのとき初めて思い知った。

「ガーシュインのラプソディ・イン・ブルー」を引っさげてアメリカへ行き成功したかなり有名なジャズピアニストの人と話をしたとき、「みんな8時間働くでしょ？私たちも一日8時間は練習しますよ」と言っていた。

一つだけわかったことは、基礎を身に付けている私たちを彼らはうらやんでおり、アルファベットだけで一切譜面なしであれだけのすばらしい演奏ができる彼らを私たちは心底うらやんでいる、ということであった。どこのニューオータニであったか忘れたが、ホテルニューオータニで、ある有名なジャズピアニストが演奏していたので近づいて見ていたら「誰に師事しているの？」と聞いてきた。

「○○○○教授です」

「ああ、そう、○○○○さんが、△△さん、私はあなたのようなピアノは弾けないわ、と言ったから、○○○○さん、私もあなたのようなピアノ演奏はできないよ、と言ったよ」と言っていた。どうも無理なようである。あきらめて今日に至っている。

痛い目に遭う前に改心するのじゃ

今日週刊誌を読んでいたら、私が右手で飲んだり食べたり、デザートのパフェを食べるのは週刊誌のときだけで、尊敬しているF氏（筆者注・この方は数学者だそうですが、私にわかるのは活字だけですが、一番尊敬している方です）の『とんでもない奴』とか哲学者のT氏の本を読むときは、ちゃんと食べ終わってから両手で押しいただいてから読む。

行儀の悪い読み方は、週刊誌のときだけである。今日その週刊誌を読んでいて〝オエッ〟となった。65歳だかの作家さんで、今までかなりの本を出版している人のようで、インタビューを受けて、「私はこういう人だから。私は夜型の人だから」とやたら自分のことを「人」と言う。

今までもたくさんの本を出しており、これからも作家として書いていく、と言っていたが「その猛烈な書くエネルギーはどこから来るのですか」と聞かれ、「私はこれこれこれの人だから」云々。

私は自分のことを「人」と会話の中で言う人を見たり聞いたりすると〝オエッ〟となる。編集のTさん教えて!!　これ、私、間違っていますか?

担当者のY氏は、「オエッと来るならオエッとなったままでいなさい。人間波があるから。それにあなたはすぐに何でも忘れる性格だから、そのままでいなさい」と間違いなく彼はそう言います。彼の性格を私が見透かしているように、彼も私の性格を見透かしています。

編集のTさん。自分のことを〝人〟と言っていいんでしょうか。人間ではだめなんでしょうか。「自分のことを〝人〟とは呼びません!!」とは言わないだろうか。編集のTさんは。私は自分のことを〝人〟と呼ぶ人を見るとバカと思ってしまうけれど。

この人もやっぱり自分の著書の中の一つに「力」というタイトルをつけていた。

この人の「何とかの力」「聞く力」「悩む力」「生きる力」「愛する力」「気づく力」「憲法がどうとかした力」「別れる力」私が知っているだけでこれだけある。

今日の週刊誌に、「絶対に忘れない顔　パクリで業界追放―と思ったら、著書を発表する『サノケン』佐野研二郎氏」と書いてあった（「週刊現代」2015・11・28、12・5日号）。

すっかり忘れていたが、この人、エンブレムだけではなかったことをこの記事で思い出した。中国人を笑えないことを日本人は思い知るべきである。中国人同様か、それ以下だと日本人は世界中から見られている。皆口に出して言わないが。

アメリカ人の真似なのか、日本国中、この田舎の若者たちまで髪は金髪か茶髪。ちゃんとした出版社から認められて、ちゃんとした出版社から出版してもらっているプロの作家たちが、何でもかんでも「力」「力」「力」という誰かの真似をしているとしか思えないほどに、プロ作家と呼ばれる人たちの本に、〝オエッ〟となるほど、〝力〟が付いている。

手軽に誰かの真似をしているとしか思えないから、私は〝オエッ〟となるのである。こういう人たちがもてはやされて、日本のプロ作家と呼ばれているのである。

ステーキ大好物の毎日肉を、元気の源の肉を食べると言っていたお坊さん作家は、

ガンを患ったり、背骨の骨が折れて背中に金具を入れる手術をしたりして、
「ガンが見つかり手術をしましたけどね、今まで私、地獄へ行きたい、地獄の方が刺激があって、天国は退屈だから地獄へ行きたいとずーっと言ってきましたけどね、この年になって初めて、体にメスを入れることになって、こんなに苦しいなら地獄はやっぱりいやだ、天国がいいと思いました。もう神も仏もない、と思いましたよ。人間は変わっていいんです。ずっと同じ考えを持つなんて人間はできませんから考えが変わるのは当たり前のことです。地獄へ行きたいと今までずーっと言ってきたけれど、私はやっぱり天国がいい、に変わりました。変わっていいんです。人間おんなじ考えを持ち続けるなんてことはしませんから。変わるのが当たり前です」

とおっしゃっていた。

こうなってから言っても遅すぎると思う。手遅れ、後の祭りというものであり、人間こうなる前から天国行きをめざす努力をするべきで、あれだけ地獄へ行きたい行きたいとわめいておきながら、ガンや背骨骨折で苦しい思いをしたからやっぱり天国が私はいい、などと言うのは虫がよすぎるのではないか。

数々の文学賞を授賞し、天皇から何とか賞までもらったお坊さん作家である。「人間の心はくるくる変わります。変わっていいんです。それが人間の本当の姿です」お釈迦様の「禅定」の教えはどうなったんでしょう？「常に一定の心でいるように心がけなさい。現象や出来事に振り回されることなく、常に一定の心でいるように心がけなさい」はどうなったんでしょう？　お坊さんのくせに!!　と正直私は思ってしまう。

こういう人が超々有名な、天皇陛下から何とか賞を授与されるような日本のプロ作家、超有名お坊さんなのだから、いの一番に日本国は危ないのでは？　日本国民消滅です。

こんな人間たちはもういらぬぞよ、と日本国民絶滅。座して死ぬ覚悟をせよ!!　日本国民いったんは皆死に絶えるぞ。日本国民絶滅ぞ。そこから私が拾い上げるのだ。拾い上げる人間少ないぞ。少なすぎるぞ。

次は恐怖だ。悪のご用の連中が、日本国を恐怖と火の海へと落とし込むぞ。皆覚悟のときぞ。

さて、この恐怖で何人が目覚めるかのう。恐怖を味わって助けてくれ、と叫んでも、わしゃ知らんぞ。そのときになっていくら助けてくれと叫んでも、わしゃそんな人間は知らぬぞ。助けぬぞ。救わぬぞ。

そうなる前に改心大切ぞ。そのときになってわめいてもわしゃ知らぬ。ペテロに書かせたわしの救いの言葉に食ってかかるようでは救うにも救いようがないぞ。

黙示録のヨハネは残念じゃったのう。私が焼き払うぞ。霊肉ともにな。パウロとヨハネ、放浪しておるが、最後には私が焼き払うぞ。パウロは最初から私の命の書に記されてはおらん。このときが来たら焼き払われ消滅する運命じゃった。最初からな。

ヨハネは最初は素直で汚れなき魂を持っておったから、イエスの弟子になった。ところが、輪廻を繰り返しておるうちに、あのように煮ても焼いても食えぬ、ごう慢人間になり下がり、汚れた人間になってしもうた。

自分の意志などなく、生まれ落ちたときからローマ・カトリック教会の信者だ。ペテロがいら立っていたようにローマ・カトリック教会というおりに囲まれて育った。おりに入れられて育った動物だ。

ペテロがあれほど怒鳴り、怒り、いら立つのはよーくわかる。おりに入れられて育ったただの動物だ。

動物の方がずっとかわいいぞ。言っておくが、ペテロは温和な人間ぞ。これほど人との争いを好まず、心底温和な人間は他にはいないぞ。

黙示録のヨハネとパウロがこの前の前世で、二人が双児であったことを知っておったか？　どうしてこの二人はこう似ているのだろうと、ストローを使わぬジュースの飲み方まで、別々のところで育っているのに、どうしてこの二人言う言葉までそっくりなのだろう、とあなたはいつも目を丸くして不思議がっていた。

「そんなことを言われると私は頭がまっ白になる」とパウロが言えば、別の日にヨハネが「そんなことを言われると私は頭がまっ白になる」と言う。あなたは目をパチクリして驚く。あまりにも二人が似すぎていることに、驚きの連続であった。

あの二人はな、この前の前世で双児だったのだ。前の世で、双児として生まれている。人間は本来、子は一人しか産まぬぞ。猿《サル》も子は一匹しか産まぬぞ。悟りなさい。

あなたがあの二人を引き上げられなかったと、後悔したり、悲しんだり、嘆いたり、怒ったりする必要はない。あの二人は身から出た錆《さび》だ。

私に捨てられ火に投げ込まれる人間は、皆、身から出た錆だ。人間の一点も、一ヶ所も、人間の魂のひとかけらも私は見逃してはいないぞ。すべて見ておる。魂のすべてをそのすみずみまでを、すべての人間の魂のすみずみまでを私は見ておる。

天地創造の、人間をはじめ、万物の創り主である私が、それを見逃すわけがなかろう。イエスは言ったぞ。「あなたたちの髪の毛一本一本まですべて数えられている」と。その通りだ。私が人間の魂のかけらさえ見逃すわけがなかろう。

火の海は近いぞ。あなたに見せた、あの巨大な海の山も近いぞ。痛い目に遭う前に改心するのじゃ。そのときになって〝助けてくれ!!〟と叫んでも、もう遅い遅い。

日本が一番最初につぶれるぞ。あなたたちの国、日本を一番最初につぶすぞ。日本人よ！　皆覚悟のときぞ。どうにもならぬところまで来ておるのう。

最後まで耐え抜くのだ!!　終わりまで耐え抜くのだ!!　頑張れ！　焦るな！　嘆くな！　まあ少しは怒ってもよいが、あなたがいくら地団駄踏んで怒っても、怒り損《ぞん》ぞ。自分でもわかっておろうが怒り損ぞ。

まあ、書いて気が済むならどんどん書いて、怒りを発散させなさい。それもよかろう。

もうすぐぞ。イエスが待っておるぞ。

もう少しバリケードを強化しないと、イチゴは鳥が食べてしまうぞ。毎日鳥が来て、あの赤い小さなイチゴをじっと見ているぞ。もう少しバリケードを強化しなさい。

若い女のもとへと走った男

昨夜、午前0時の話。

「プロジェクト・ランウェイ」の再放送を観ようか、ステーキ大好物のお坊さん作家の毎日を撮った方を観ようか、と迷った末、「プロジェクト・ランウェイ」は毎週欠かさず、これだけは絶対欠かさず観ているものの再放送だったので、ステーキ大好物のお坊さん作家の方を観た。

正直、まったく興味がなかったが。この撮影者、この人が死ぬまで毎日、ほんと毎日だった。毎日撮り続けるそうだが、泊まって一緒に生活しているのでは？ と思った。

「おはようございます」から「おやすみなさい」までパジャマ姿でベッドで寝ているところから、背骨じゃなくて腰の骨が折れたそうで、（失礼、私は背骨とばかり思っていたが、腰の骨だったそうです）、その後の法話ではまた背骨と言っていました。この人、話をする度、コロコロ内容が変わるのです。自分の言ったこと、話したことを覚えていない人間は失礼ながら私、一番嫌いです。この手術やガンの手術で病院で寝ているところやガンをどうするかを先生と話しているところや（もちろん寝ながらです）その後の家での毎日。

撮影者は声だけだけれど、このカメラに向かって、ずっとしゃべる、カメラに向かって話し続ける。撮られていないのはトイレとお風呂の中だけ。あとは日常生活丸はだか。私には耐えられない。

これをこの人が亡くなるまで続けるそうです。私には耐えられない。少し元気になり、闘病生活のエッセイを書いていたが、あまりおもしろくないので〝こころ〟というタイトルで小説を書くことにした、と〝こころ〟を書き始めている最中に、「先生、今の気持ちはどうですか」と撮影している。

「とっても心が高揚《こうよう》している」と言ってまた思索《しさく》にふけっておられる。私なら「うるさい！　あっちへ行け！　帰れ!!」となる。よくこんな騒々しいところで書けるものだな、と感心した。

私の感想。

お釈迦様も、「生、老、病、死、は度し難し」と言われているから、誰でも病気になったり腰の骨を折ったり（腰だか背骨だかと言うことが変わるので知らないけど）することがあるだろう。

自分では一日三十gの肉を毎日食べる（これ、病気のときのことで、映像ではステーキにかぶりついておられ、驚きました。つい最近の法話では、肉を食べないと、頭が悪くなる、と信者さんに言っておられました。お釈迦様の晩年を「最後はお釈迦さんは、ヨロヨロヨロヨタヨタの状態になりました」と言い、お釈迦様の最後がもう三回も変わっています。このようにいいかげんな人の話を大勢の人が聞きに来ています。こんなことを言っては申し訳ありませんが、正直に言うと、この人、亡くなってから天罰が下ると私は思っています）、と言っておられたが、〝あ、そうか、周囲の人の分も入っているのだ〟と途中で気が付いたが、ステーキどっさり、シャブシャブ用肉どっさり、来る日も来る日も毎日、肉、肉、肉。肉の前にまずお酒。毎日欠かさず、肉の前には必ずまずお酒。まさか、ほんとに毎日肉ではなかろうと思っていたので仰天。

久しぶりに法話をする、というので法衣に着替えて皆の前に、その日は150人集まっていたそうで、法話をされていたが、お坊さんがこれでいいのだろうか。よけいなお世話であるが、元気と長生きの源、と信じ切って来る日も来る日も酒と肉を召し上がって、お坊さんって、ほんとにこれでよいのだろうか、と私は思ってしまう。

「私、頭の中に動脈瘤が二つあるんですって、コブね、コブが二つ頭の中にあるそうなんだけれど、私、ほら、五十一歳のときからセックスしていないでしょ？ 興奮しないからまだ破れていないみたい。そういう意味でお坊さんになったことはよかったみたい」

こんな方に、天皇陛下は「何とか賞」をあげられたのですよね。それが私には信じられない。T氏が、I元都知事に「何とか賞」、私が知らないだけで、はっきりと賞の名前が書いてありましたが、「そんな人に天皇陛下が〝?・?・賞〟を与えるなど悪い冗談」と言っておられました。

コブが先か、お坊さんになったのが先か、わかったもんじゃないとは思う。人間道徳に反しない限り、どんどん何でもやるべきである。人のダンナを取ってみたり、主人がいるのに他の男と浮気をしてみたり、こういうのは、だらしのない人間のやることです。これら道徳に反しない限り、セックスじゃろうが何じゃろうがどんどんやるべきである。

おそらくこのお方は、あまりの自分の色欲の強さに、頭を丸めてお坊さんになれば、自分の異常な男狂いが収まるだろうと思って仏門に入られたのだと思う。動機が不純ではないか?

小さな女の子とご主人を捨てて、ご主人の教え子であった若い男のもとへ走られている。小説を書くという理由で。我が子と主人を捨てなくても小説は書ける。その気があればだけど。

妻のいる男性、つまり、不倫相手の写真を今も大切に持っておられ、「ステキでしょ?」と見せておられた。気持ち悪いと思ってしまう。

「あなたにだけ教えるわね。今でも男が欲しいと思う。死ぬまでよ」と。気持ち悪い。

申し訳ありませんが、気持ち悪すぎる。90歳過ぎです。お坊さんです。

好き、という人ではなかったのですが、いろいろ本を読んでみて、「私にはできない」また何か書いては「私にはできない」と書いてあり、有名な作家なのに「私にはできない」といちいち書かないでほしいと反発しながら本を読んでいたことがあるので、クリスチャンだからまたあの変なわざとらしいへりくだりのつもりかもしれない。「私にはできない」と言うことでへりくだっているつもりかもしれない。クリスチャンの黙示録のヨハネが、私への二通の手紙の中に二通ともに「天に宝を積む」という言葉を書いていた。

26年前のカトリックのクリスチャンだった『愛の黙示録』の編集者も、私が書いてもいない「これが天に宝を積むという意味である」という言葉を何の脈絡もない所にくっつけて、自分は満足かもしれないけれど、もういやでいやでその言葉がまるで汚点のように感じられました。

「私にはできない、私にはできない」、有名作家が。これもクリスチャンの（二人とも、カトリック）黙示録のヨハネが「天に宝を積みたいと思います」「天に宝を積みたいと思います」と書いていた。正直、どうにもクリスチャンという人たちは嫌いである。

「私にはできない」の遠藤周作氏の、もう何十年も経っているのに忘れられない言葉がある。「愛とは、捨てないことだ」と書いてあった。さすが偉大な作家なのだ。何十年も前に読んだ本の中に書いてあったこの言葉を忘れないのだから。

「愛とは、捨てないことだ」と書いてあった。四十年前のことである。

「うらめしや〜、愛とは捨てないことだぞ、うらめしや〜」

愚か者め!! 阿呆が!! 勘違いするな!

ゾンビのくせに、生きて死臭を放つゾンビのくせに、偉そうにするな!! 勘違いをするな!!

五年も印鑑を押さず、頑張って、踏んばって、最後には灰皿が飛んできて、「負け犬の遠吠えのようなことを言うな!!」と言われ五年かかってやっとあきらめ、若い女のもとへと走った男（元夫）のことを、「あぁ、私の方が捨てなくてよかった」とつくづく思う。

同じ年なのに、今その男は、全身麻痺で言葉も発せず食事もとれず、胃ろうの生活である。今もその若かった女が世話をしているそうである（当時はこの男、医師の資格なしと思ったが、後に私は一人にならねばならなかったのだ、と悟った）。

三十三歳のときの話であるが、どちらが正しかったかは、時が経ってみないとわからない。自分が正しかったかどうかは死んでみて、霊なる神に焼き払われ消滅するか、新しい天と地へと引き上げていただくのか、立派な人間の姿、形はしていても、たとえ神殿に住んでいても、そのようなことは死んでからしかわからない。

ゾンビがゾンビの姿では、とてもこの地球では生活はできない。たとえ魂がゾンビであっても、それなりに、地球の人間らしくしていなければ、生活は営《いとな》めない。

星の王子様ではないけれど「大切なものは目には見えない」私のような者には、すぐにゾンビとわかるが、ゾンビ同士だったら、ゾンビだと気付く者はいない（まだ続きがあるのだけれど）。

国民総背番号は本当に必要か

突然ですが、ロシアが空から放射能を撒く準備をしている、とニュースで聞いたか週刊誌で読んだかしましたぞ。わたくし、一瞬、その手があったか！　と思った瞬間、〝やめて！　やめて！　やめて〜〜〜と、年がいもなく、日頃の威厳もかなぐり捨てて、叫びましたぞ。

空から放射能を撒かれるなんて——。爆弾ならわたくし花だんや植えたばかりのイチゴを踏みつぶして逃げるかもしれないけれど、空から放射能を撒かれたら、見えないからどうしようもない。

ロシアの一部の人は国民にサリンを撒いて殺したあの人を支持していますよね。え？　合っていますか？　間違っていませんか？

国民は皆口から泡を出し、ひくひくともだえ苦しんで死んでいましたよね。あなたも見たでしょう、ニュースの映像で何回も流されていたから。

サリンを撒く人の支持者なら、放射能を空から撒くぐらい、ゴキブリじゃなくていい、〝蚊〟でいい。〝蚊〟をパチンと手で叩いて殺す程度の感覚でしょう。ドローンでいいそうです。爆弾は重くて載せられないけど、ドローンでいいそうですよ。ドローンなら上空から放射能を撒くのは簡単だそうです。

悪魔の親分が「おまえ何を言っている、悪のご用だ！　悪のご用」と言っていましたが、わたくし覚悟していたのは爆弾だけでした。空からサリンや放射能が降ってくるなど思ってもいませんでした。

これでは座して死を待つなどときれいごとを言っておられぬではありませんか。口から泡を吹き、ヒクヒクともだえ死ぬ覚悟をしなければならない、ということではありませんか。座してなどいられるわけがありません。

「ま、日本は海に囲まれた島国ですから、ま、大丈夫でしょう、海を渡ってまで来られないと思うからまあ大丈夫と私は思います」

これ女の専門家の意見ですが、女ってバカですねえ。女の浅知恵と申しますか、そういえば、男の浅知恵って言います？

女の浅知恵。男の浅知恵。男の浅知恵って聞いたことあります？　何か、無いような気がするけれど――。

男も女もおんなじですね。こんな女の浅知恵の、ノー天気の専門家ではなくて、立派な男の、正しいことを言う、正しい専門家が「日本もパリと同じことが起こると思っていなければならない」と言っていました。わたくしも同意見です。

イスラム国、ＩＳのインターネット機関誌『ダビク』というところで、最近、「次の標的は日本である!!」と繰り返し繰り返し載せているそうです。イスラム国と対立する中東諸国へ、今も、約束通り、お金の支援をしているから、と。

日本でサリンを撒いたあの男の後継者のあの大幹部が、今はＡと名前を変えていますが、ロシアへ入国しようとやっきになっているそうです。トルコで何度も入国拒否をされ、ウクライナへ入り、ロシアへ行く方法とか、ありとあらゆる方法を考え、今ロシアへ入ろうとしているそうです。

何の用があってロシアへ行こうとするのかと思ったら、ロシアには宗教団体Ｏ時代からの残党、この男も大幹部ではあっても、あのサリンを撒いた男の後継者、残党であることに変わりはありません。教団の名前は変えているけれど、中でやっていることは宗教団体Oの時代とまったく同じ、と前々からわかっているのに、今も尊師崇拝、本も尊師の説教本、教えていることも尊師の教え。

どうしてこんな男と教団を、日本は放っておくのでしょうか。サリンを日本国に撒いた日本国テロリスト集団を。日本人のこの男、不気味です。ヒットラーでさえ、サリンを持ってはいても使わなかったのに。

簡単にサリンを撒いたり、空から放射能を撒き散らそうとしたり、地球上の人間の狂気はエスカレートし、何でも調子に乗っているとささいなことから始まって、気が付いたら手が付けられない状態。これは人間、個人個人にも言えることです。

何でもエスカレートする。文明の利器もエスカレートしすぎて、もはや誰にも止められず、文明の利器を操って自分が賢く、偉くなったなどと、決して思わないことです。

機械に人間が操られているだけの話で、偉く、賢くなったわけではありません。ただ人間が機械に操られ、じわりじわりと自分たちの首を、自分たちで絞めているにすぎません。

つまり、人類総自殺です。未だこの日本で危機感を抱いている人は、ほんの一握りで、あとは皆ボーッとしていて、きのうは種子島で何か空に向かってドーンと打ち上げており、みんな愚民はパチパチパチと感激のあまり涙を流して喜んでいました。

地上のこともできないくせに、空に向かって何かおもちゃのデカイような物を打ち上げて、関係者も民衆も、涙を流して喜んでいましたが、何かこれでもうけるための第一歩だそうです。もう目の前に危機が迫っているのに、まだもうけ話。ごくろうさまです。

はっきりと言っておきます。前の本にくどく書いたけれども、またここではっきりと言っておきます。

一番最初にぶっつぶれるのはこの日本です。日本国です。空に向かって子供の遊びのように、何かドカーンと飛ばして遊んでいる場合ではないのです。オリンピックなどして浮かれている場合ではないのです。

日本の味わう恐怖は、パリどころではないでしょう。何しろ霊なる神が、アウシュビッツ以上の苦しみを、この日本国イスラエル人に与える、と前もって宣言されているのですから。赤ん坊から大人まで、全国民に番号をつけられ、それでもノテーッとそれをブツブツ文句を言いながらも受け入れる構えでいる日本人ですから。

これに猛反対して、国民総背番号を取りやめた国はいくつもあるのです。他の国々が取りやめにしているのに、日本人は、文句のようなことを言いながらも、政府の回し者なのか、利便性と必要性を得々と語りに出てくるこれらの専門家。私の回りのおばちゃんたちも、まともなのかと思っていたら、まともそうなことを言っていたのでまともかと思い、田舎のおばちゃんも捨てたもんではないな、と思っていたら、この国民総背番号を必要だと言う。

私、疲れてきました。何だか、ほんとに疲れてきました。

アウシュビッツであのゴミのように捨てられた人たち、ガスで殺され、あとはゴミのように焼かれて捨てられた人たちの手首には、皆番号が彫られていたのを知らないのですか。六百万、すべてのあのアウシュビッツで殺されたユダヤ人の手首には、番号がすり込まれています。

生き残った人の手首を見せてもらったらどうですか。今も手首には番号が残っています。

日本人、国民総背番号制、これは日本人総絶滅を意味します。日本国、イスラエル人、ユダヤ人総絶滅を意味します。

アウシュビッツでゴミのように殺された人々と同じになるぞ、という霊なる神の警告です。日本国イスラエル人、総絶滅、総虐殺。カードを持たされるか、手首に番号を、どちらも死ぬまで持たされるか、消えない刻印を押されて死ぬまでカードを持たされて、どちらも同じことです。

違うのはアウシュビッツでは六百万人だったけれど、今度は日本国、一億数千万人、あれから七十年が経ったのだから、エスカレートしてこうなるのは当たり前です。アウシュビッツは七十年前のことですから。

私は何だか疲れてきました。日本政府がまさか日本国民総背番号制にするとは夢にも思っておらず、これを取りやめたヨーロッパの国がいくつもあることを知っているはずの政府が、まさか日本国民にこれをやるとは思ってもみませんでした。

平和ボケの日本国民が絶滅の憂き目に遭っても仕方ない。日本人総虐殺に遭っても仕方ない。

霊なる神が「アウシュビッツ以上の苦しみを日本国イスラエル人に与えるぞ」と言っておられたのだから、仕方がない、と、日本国政府がこれを打ち出してから自分を納得させるのに、パウロと馬鹿の黙示録のヨハネの二人に、吸血鬼のようにエネルギーを吸い取られていた上に、ついに来るものが来た。

悪魔と化した日本政府よ、悪魔に操られた日本政府よ、他のいくつもの国がこの制度を取りやめていることを知っていながら、今、このこんな時期に、こんな制度を押しつけるとは、とか、いろいろ考えているうちに、ほんとにぶっ倒れてしまいました。悪魔の力は強い。日本国民すべて、死に絶えなければなりません。その後、霊なる神が汚れなき者だけを、新しい天と地へと引き上げられます（あとは私の前の本を読んでください）。

もう何を言っても無駄でしょう。無駄です。

パウロと黙示録のヨハネが落ちていったことだけで、私の虚しさは十分すぎるほど十分です。T氏の言葉を借りれば、同じ日本に住み、同じ日本人なのに、「共通の言語を持てない人々」。

私流にいえば、お釈迦様の言われるように、「地獄から来て、また地獄へ赴く人間」ばっかりだからです。焼き払われます。見事に。日本国民絶滅のときです。

日本国民絶滅の原因はどこにあるか

太平洋戦争のとき、アメリカ軍と戦っている日本兵士のために、多くの船がその島々に向かって大量の食糧を積んで出発していきました。学徒出陣で日本国中の大学生までかき集められ、あの雨の降りしきる中、軍服を着せられ、鉄砲を持たされ、おびただしい数の大学生たちまでもが、戦地の島々へと送られていきました。

いやだったでしょうねえ。行きたくなかったでしょうねえ。

殺し合いに行くのですから。行きたくなかったでしょうねえ。

この責任は昭和天皇にはなかったのかどうか！　断じて、私ははっきりと問います。

この戦争の責任の多くの部分は昭和天皇にあったのではないか！

神風突攻隊という行きの燃料だけを積み、アメリカの船や飛行機に突っ込んでいく、完全に自分が死ぬことを覚悟して、飛び、突っ込んでいった若者たちのことを、涙なくしては聞けない、語れない。このおびただしい数の、そうやって死んでいった若者たちのことを、昭和天皇は、「そこまでやらねばならなかったか（事前にすべて知っていたのでは？）、そこまでやらねばならなかったか、しかし、よくやった」と言われたそうですから。

神風突攻隊がいることも知っていて、事前にすべて知っているくせに、「そこまでやらねばならなかったか。しかし、よくやった」。ジャングルで仲間が次々に死んでいき、最後は一人になり、戦後三十年間をたった一人で過ごした小野田寛郎さんが先日亡くなったそうでありますが、小野田さんが最後に言われた言葉は、「日本国民は、なぜ天皇を批判しない？」だったそうであります。

神の怒りが振り下ろされ、日本国民絶滅の原因は、小野田寛郎さんのこの言葉の中にもあります。小野田さんが日本国民に問われたこの言葉の中に、神の怒りの鉄槌が降り下ろされ、日本国民絶滅の原因の一つ、大いなる原因の一つであります。

許し、などときれいごとは私は言わない。霊なる神やイエス・キリストが人間を許さず、滅ぼそうとされているときに、許しだなど、チャンチャラおかしくて私は笑ってしまう（これ、あの愚か者のクリスチャンの女が私に言った言葉でした）。せいぜい〝忘れる〟ことぐらいです。私は毎日こんなことを考えて暮らしているわけではありません。

普段はなんにも考えていません。頭すっきり、からっぽです。

こうして書いていると思い出す。ただ思い出したことをこうして書いているだけのことです。

普段は何も考えてはいません。鳥と遊んでいます。「よく来たねー」と。「眠いの、よしよし、目をつぶっていいよ、寝てていいよ」と毎日来るハトと話したり、「あんたこの寒いのによく咲いたねー、可愛いよ、きれいに咲いたねー、偉い、偉い」こんな調子で、何も考えていません。

原稿用紙に向かい、書き始めると、思い出す、ただそれだけのことです。

女性作家のMさんが、テレビで「満州から引き揚げてくるとき、食糧がなく、あまりの飢えに「人を殺して食べたいと思った。船で日本に着いたときは乗っていた半分が飢死していた」とご自身の二時間のドキュメンタリー番組で語っておられましたが、誰を殺して食べるのですか。子供ですか。大人ですか。

元首相の息子さん主演のバスジャックがどうのこうの、半分ドタバタ、半分お笑いのドラマと、「ペテロの○○」という題名とに一体どういう関連性があるのですか!!

人を殺すときは、自分も死ぬ覚悟をしなければなりません。仏教では、「心で思ったことは、行ったことと同じである」と教えます。自分が生き延びるために、人を殺して食べるという発想など許されません。

IS(イスラム国)の連中は、自分も必ず死ぬ、という覚悟をもって人を殺しています。そもそも、日本軍が地元の人々を殺しまくって奪った国へ、なぜ日本人が押し寄せていくのですか。

「ソ連軍が攻め込んできて、ああいう目に遭った、こういう目に遭った」と皆さん言われますが、自業自得ではありませんか。

私が間違っていたら教えてください。わたくし、太平洋戦争は、まだ終わっていないと思っております。

担当者のＹ氏が、「生々しい」と何度も言ったように、この後、「生々しい」ことを書いていますので、この作家の、飢えのあまり「人を殺して食べたいと思った」という言葉を、しっかり覚えておいてください。

そして、私が過去のことを語っている、と思われるかもしれませんが、私はこれから起こること、今から起こることを語っているのです。

私はあくまでも未来のことしか語りません。

〝予言者〟を自称しておりますので……。

途中ですが、緊急ニュースをお知らせします。今、どこかの国で、世界中の首脳を前に「発展途上国に、今までの支援を、一兆三千億円に増やします」とＮＨＫのニュースで言いましたぞ。

今までやっていた額をさらに増やし、「一兆三千億円を支援します」と今、言いましたぞ。

つけは国民に来るのだから、この海外でエエかっこしいの、自分だけエエかっこしたいだけで世界中に金をバラまいて回る男を何とかしなければ。三年間で世界中で20兆円をバラまいた、と私は聞いたばっかりですぞ。

世界一の借金大国の日本、と首脳たちはみーんな知っていますぞ。みんな笑っているのに、この裸の王様、エエかっこしい、国民のことなどかけらも考えてはいないこの男を、一刻も早く何とかしなければ……。

臨時ニュースでした。

追伸

おとつい午前0時のテレビのドキュメンタリー番組で、「私、腰の骨を折ったりガンの手術をしたりしましたでしょ？（寝まき姿で）もうそれは背中が痛いのなんのって、右も左も、まっすぐも向けず、あまりの痛さに泣きました」（泣きました、は法話の中で）
「私、今までずーっと法話の中で、天国より地獄へ行きたいと、ずーっと法話でそう言ってきたんですけどね、地獄へ行って、こんなに痛い、苦しい思いをするのかと思ったら、やっぱり天国の方がいい、と今回この苦しい痛みを味わって、そう思いましたよ」

今日の最新の週刊誌の法話。

私、二度目の背骨の骨折をして、胆のうガンの手術までしたのにこんなに長生きして、仏様がどうたらこうたら云々。

こういう人、いっぱいいますよね。言うことがクルクル、クルクル変わる人。平気でコロコロ、コロコロ言うことが変わる人。一般庶民の中にごまんといますよね。これ天皇陛下から何とか賞をもらった人、自称、有名作家、有名小説家、ステーキ大好物、元気になったとたん、また肉、肉、肉、毎日欠かさず酒と肉を召し上がる有名お坊さん作家。

わたくし振り回されてしまいました。仏様がどうたらこうたらと言っておられましたが、これほど長生きしているのは仏様と（牛肉）のおかげとかなんとか言っておられましたが、仏様もあきれておいでになるのでは、とわたくしは思ってしまいます。

美輪さんと大変仲がよろしいそうです。今日の法話は、美輪さんの話でもち切りでした。

以上、追伸でした。

彼らからは光が発している

ジャングルのあちこちの島でアメリカ兵と戦っている多くの日本兵のために、大量の物資が積まれ、たくさんの船が日本を出航していきました。現地に到着する間もなく、それら日本兵のために積まれた食糧や物資を積んだ船が、一隻残らずアメリカ軍によって撃沈されてしまいました。一隻の船も、日本兵が待つ島々に、たどり着くことはなかったそうです。

日本兵は飢えに苦しむはめとなりました。それはもう、想像を絶する飢えが、彼らに襲いかかりました。アメリカ軍と戦って（戦うも何も持っている武器が違います）。鉄砲を持って相手に突っ込んでいき、機関銃や砲弾で、相手にたどり着く前に、突っ込んでいった者はすべて死に絶えました。

学徒出陣でかり出されたおびただしい学生兵士も、当然この中にいます。あちこちの島に、アメリカ軍の兵と戦うため、相手を殺すため、数え切れぬ学生が兵士として、彼らも送られていました。

相手はあれだけの機関銃を持っているのだから、勝ち目はない。行けば殺される、とわかっていて、鉄砲を一本持ったまま、立ちすくむ若者が大勢いました。たどり着く前に殺される、と。現に突入していった者は、相手にたどり着く間もなく砲弾で打ち殺されました。

バタバタと目の前で殺され、死んでいく仲間を見て、立ちすくむ若者が大勢いました。それでも彼らは死ぬとわかっていて、殺されるとわかっていて、かすかに残る勇気を振り絞り、「天皇陛下のため、お国のため」と、大義を自らに言い聞かせながら「生きて帰るな!!」「捕虜になったら死ね!!」と自ら死ぬための手りゅう弾を持たせられていた彼ら若者たちは、わずかに残った死ぬ勇気を奮い立たせ、たち打ちもできない巨大な相手に、ボロッちい、おもちゃのような鉄砲を抱え、突っ込んでいきました。

ほとんどがこのようにして死んでいきました。ほとんどの若者が、死体は放置されました。戦場で、人間の死体を埋めている余裕などありません。

後に、一人のアメリカ兵が、自分が殺した日本兵の遺体を、穴を掘って埋めたことを知りました。戦後七十年を過ぎた今も、あちこちの島で放置された若者たちの骨を拾う、遺骨収集が行われています。戦後七十年が過ぎた今、現在もです。

私が年寄りだから戦争のことを言うのだ、うるさい人だ、などと思わないでください。私はこれから先のことしか前の本には書いてはおらず、今もこれから先のことしか言いません。

私が年を取っているから戦争の話をする、などと、決して思わないことです。今から、これからのことしか私は前の本には書いてはおらず、今語っていることも、今から語ることもこれから先のことです。

あなたの身に起こるかもしれない、などと私はあいまいなことは言いません。必ず起こる、あなたの上に、あなたの頭上に、必ず、間違いなく起こることだから言うのです。

私の前の本をすべて読んで「これほどはっきりと明言された人は過去に一人もいなかった」と顔も知らない人だけれど、私のファンの中の一人の男性は言ってくれています。私の言うことを、真に信じてくれている人です。

飽食の時代に、グルメだなんだと、ステーキがどうしたこうした、長生きの源、元気の源は毎日牛肉を食すことである、と信じ込んでいる人たちばかりの中で、戦争の話をしても響かず、耳に届かないかもしれません。何しろ飽食の時代ですから。

この毎日肉と酒のお坊さん作家のように、こっぴどい目に、痛い目に遭ってから、やっぱり天国がいい、こんなに苦しいのが地獄なら、やっぱり私は天国がいい。今までずーっと言い続けたことは取りやめます。私はこの苦しみを味わったとき、地獄よりやっぱり天国の方がいいと考えが変わりました、などと言ってももう手遅れじゃないでしょうか。

救われないと思います。この人、戦争体験者です。

常日頃から心にとどめておくことが大切なのです。もうすぐ飽食の時代は終わります。

七十年前、食糧がなく、みんな飢えで毎日何十、何百の人が餓死して倒れ死んでいったように、もうすぐ日本はそうなります。食糧がなく、餓死者の死体で日本国中が埋め尽くされます。

飽食の時代に、そんなことを言っても聞き流されてしまうでしょうが。私のこの言葉を心にとどめて、これから先の生活を送った人は、霊なる神が間違いなく、確実に、新しい天と地へと引き上げられるでありましょう。

この牛肉大好きの有名作家のお坊さんや、そもそもこのお方、お坊さんになる資格はないのではないか、とわたくし常々から思っております。それとか、あの私に食ってかかったクリスチャンの女のように、「バカなことを言いなさんな!! 神はすべての人を救われます!! 食べ物がなくなるなんて、そんなことはありえない!! あなた、間違っています!! あなたの言うことは、あなたの書いていることはみんな間違っている。私は笑ってしまう。フン（笑）」などと言うもんは、私の本などポイと捨てたか、自分の家の近くの古書店にでもすぐさま持っていったことでしょう。

いいのです。何もかもわかった上で、またこうして書いているのですから。人が、民衆がどう思うかなど、もう私はどうでもいいのです。どうにもならないのだから、どうでもよいのです。

ただ、顔も見たことはないけれど、私の本を、私が今まで書いてきたことを、これ以前の本を、しっかりと信じ、その心に、しっかりと受け止めてくれている人が数名はいる。確実に数名の人が、私を信じ、私の書いていることを、しっかりと心にとどめてくれている。

これだけが私の救いであり、喜びであり、これ以上もないわたくしの喜びであり、この世の歓喜とでも申しましょうか、この狂気に満ちた世界で、この恐怖に満ち満ちた世界で、嘘と堕落と偽善に満ち満ちた世界で、一筋の光を、私はこれら数少ない人々の中に見出しています。

彼らからは光が発している。まっ暗な闇の世界であるから、私にはその光がはっきりと見えるのです。数少ない人たちであるけれど、彼らからはまぶしい光が発せられている。ゾンビ人間の集団が、この光をより明るく照らしてくれています。

以上、戦地で生き残った人たちがどうなったか、でした。

追伸

バチカン美術館のおびただしい美術品の数々や、システィーナ礼拝堂の中の、数々の美術品を紹介しているテレビ番組の中で「アダムの肋骨の中から女が生まれ」とナレーターが言っていましたが、まーだこんなことを信じている人がいる。旧約の時代が始まって以来、ずっとそう言われていますが、もう二十一世紀に突入しています。

アダムの肋骨からイブが生まれるわけがないではありませんか。人間とは世々代々、旧約の時代からこの程度の知能しかありません。ごう慢さだけをひっさげて、今日に至っています。

「人間の祖先は猿」という説を何の疑いもなく世界中が信じ、それを「人間の祖先は猿です」と学校で子供たちに教え込んでいますが、アダムの肋骨から女、イブが生まれたのではありません。

知能が低い分、頭がからっぽな分、人間はどんどんごう慢になっていった。ごう慢人間の頭は皆からっぽです。

　ではどうなのか、を知りたい人は、私の『預言の書』と『メギドの丘』を読んでください。読んでも反発する人がいるから、もうどうしようもありませんが……。とにかくアダムの肋骨からイブが生まれた、は間違いです。

　私に食ってかかった人、といえば、あのクリスチャンの女と、「イエス・キリストは今どこにいるんですか⁉ から始まり、十四万四千人は計算してみたら50万人に一人、あなたの言うことはおかしい！ 間違っている！ 笑ってしまう！ 神がたったこれだけしか救わないはずはない！ 神はすべての人を救われます‼」と食ってかかり、わめいていたが、クリスチャンだと言うのに、〝十四万四千人〟という数字が、黙示録のヨハネが言ったことだとは知らないらしい。

　クリスチャンであるのに、黙示録のヨハネさえ読んでいない、ということであります。つまりバカが私に食ってかかってわめいた、ということ。バカですねえ。私はわめかれながら、この人、聖書もまともに読んでいない人なんだ、と思いながら、テキトーにあしらっているのに。黙示録のヨハネに「イエスが殺された三年後に弟子と一緒にいたステファノが殺されたの知っている？」と聞いたら「知らない」と答えました。ローマ・カトリックのおりの中で育てられたクリスチャンなのに、聖書もまともに読んでいない。有名な話です。

ステファノが同じユダヤの民衆から、弟子と一緒にいた、という理由だけで、石殺しの刑で殺されたのは。詳しくは私の本『預言の書』を読んでください。私に見抜かれていることさえ気付かないのだから、愚か者のクリスチャンですよねえ。

黙示録のヨハネにある質問をして、三年近く経ってもその問いに答えないから、私も意外と気が長いのかもしれません。三日とあけず私の前に現れているのに、その質問の答えを三年近くも待つなんて。意外と気が長く、のんびりした性格なのかもしれません、わたくし。

三年近く経って、「あの質問に対するあなたの答えは？」と聞いたら、私は覚えていても、彼女は私が質問したことを、もう忘れていたのでしょう。正確には、その質問には答えたくない。これが彼女の本音です。

これから彼女と付き合っていく上で、私が彼女に最も聞きたい、最も大切な根本的な質問。正直に答えられない、自分にとって不利なこと。

言い訳と、弁解と、少し嘘をまじえてでも何とかこの質問に答えるのは避けたい。

いつもニコニコしているからもう忘れているだろう。自分に質問したことさえ、この人はもう忘れているだろう。そう思っていた彼女に、三年近くが経って、

「ところであの質問に対するあなたの答えは？」と言ったとたん、

「今頃になって何を言い出すんですか!!　もう済んでしまったことではありませんか!!」

済んだのではなく、時が経ってしまっている、というだけのことなので、「済んではいないよ、私、まだあなたのあの質問の答えを聞いてないもの」

「今頃になって、人の揚げ足を取るようなことを言って!!　一体何を言い出すんですか!!　もう済んだこと、終わったことではありませんか!!」

三年近く、そのことには一切ふれずにきたので、済んでもいないし、終わってもないし。そのことに一切彼女もふれようとしないし、答える気もなさそうだし、初めて、「ところであのときの私の質問の答えは？」に激怒し、いとも簡単な、一分もあ

れば済む答えの質問なのに、わけのわからないこと。

言い訳と攻撃の言葉をまき散らしながら、最後に、「あなたの神と、私の神は違います!!」と叫んで立ち去り、彼女との仲は終わりました。どれほど私の本を読んでいても、身につかない人、洗礼を受けたクリスチャンであることを、ファッションの感覚でいる人がいるのです。

この二人にとって、カトリックの信者であること、洗礼を受けたクリスチャンであることは、この私でさえも「あなたとは違うのよ」という選民意識、特別意識、クリスチャンというだけで、神に選ばれている自分たちは特別な存在。そう思っています。私はこの二人、クリスチャンであることをファッションにしている、と思いました。

私にあれほど激しく食ってかかった人間は、生涯の中でこの二人だけです。共通の言語がないから、何年つき合ってもかみ合わないのですねえ。ヨハネが私のところへ来始めの頃、「三十九年間、音楽が嫌いで、一度も音楽を聞いたことがない」と言い、わたくし仰天致しましたが、そんな人間が三日とあけず私の前に現れる。もう何度「来ないで!」と言ったかわかりません。

最初に突然現れたときも、「また来てもいいですか」と言ったので、「いいえ、もう来ないで。私、こういう会話はしたくないので、もう私の前に現れないで」と言ったのに、あの手、この手で現れ、三日とあけず来て、「本に田舎者と書いてあったので、ほんとに田舎のショボショボしたおばさんかと思っていたら、全然違うんですね」だって。

どこを読んでいるんだ!!　馬鹿が!!　阿呆が!!

地獄のかまに放り投げられて死んじまえ!!　さっさと早く消えろ!!　消えうせろ!!

私はハンニバル・レクターにならない

戦地の島々へ、戦っている兵士のところへ物資と食糧を運んでいた船が、一隻残らず攻撃され、爆発・炎上し、沈んでしまいました。乗っていた人たちも皆海に沈み、死んでしまいました。帰ってきた人は一人もいません。

若い兵士たちに襲ってきたのは、飢えという恐怖と、苦しみでした。来る日も来る日も食べる物がない。食糧がない。

私の父方の叔父さんが、「カエル、ヘビ、虫、動くものは何でも食べた」と言っていました。

私の町に住むお医者さんが、兵士としてどこかの島にいたとき、一人の兵士が鳥の巣を見つけ、木によじ登り、卵を取って食べようとしたけれど、その兵士はそっとまたその卵を巣に戻した、と書いておられました。若い兵士たちに、飢えが襲いかかりました。戦って死んだ者も、飢えで死んだ者も同じくらいです。

三十代の頃、衝撃的な二人の人の手記を読みました。若かったから衝撃を受けたのか、とも思いましたが、私は今なお、自分の心にその答えを見出していません。

一人の男の人の手記は、入院しているときのものでした。もう一人の男の人は、自宅にいて書いている手記でした。

「私は今、口の中が腐り、物が一切食べられず、入院の身です。私は戦争中、ある島で食べる物がなく、仲間の死んだ肉を食べてしまいました。今、私は口の中が腐ってしまい、物が一切食べられない状態です。飢えに耐えきれず、私は人の肉を食べてしまいました」

もう一人の人も、「私は今、口の中が腐ってしまい、物がまったく食べられない状態です（入院していないので、もうすぐこの人は死ぬのだな、と、そのとき私は思いました）。

物が一切食べられません。食べ物が、一切何も食べられません。私は戦争中、島にいて、まったく何も食べる物がなく、飢えに耐え切れず、人の肉を食べてしまいました」

ハンニバル・レクター博士のことではありません。大学の学生と、赤紙一枚で、戦地へと送られていった普通の、普通に暮らしていた一般の、おびただしい数の人々です。

雨の降りしきる中、大学生がかき集められ、軍服を着せられ、戦場へと送られていったあの同じ場所で、19年後、日本国はオリンピックを開催しました。あの軍服を着せられ、腰に鉄砲のようなものを持たされ、学徒出陣という名で、おびただしい数の大学生が戦地へと送られ、飢えや寒さやマラリアで死んでいったその19年後、あの同じ場所で日本国は、オリンピックを開催しました。

赤紙一枚で召集された私の父も戦地から帰ってはきたものの、その後酒びたりとなり（戦争に行ったせいです）、その酒がもとで三十三歳で死にました。私が一歳のときのことです。

この父の妹のむこ、私に戦地でヘビや、虫や、カエルや、動くものは何でも食べた、と話してくれたこの義理の叔父も、赤紙一枚で戦地へと連れていかれました。母の弟は、ビルマ（現ミャンマー）で、二十七歳で戦死しました。

戦争が終わって五年後に、私が五歳のときに、どこか知らないおじさんが、大きな木箱を持ってきて、その中に、人間のひからびた指が一本入っていたことは、前著のどれかに書きました。どこに書いたか自分でも忘れてしまいました。

極限の飢えのとき、自分ならどうするか。私は未だ、この答えを見出していません。想像を絶する飢えに直面したとき、自分ならどうするか、私はまだ、今もこの答えを見出していません。

「ハンニバル・レクターじゃあるまいし、人間が人間の肉を食べるなどあり得ないでしょう」とか、「そんなことをするものではありません！」とか「鬼畜のすることでしょう」というのは簡単だと思います。そういうことを言う人は、想像力の欠落した人である、と私は思います。

想像力のない人、想像力欠如の人間。私はそう思います。そして、あれから四十年近くが経った今、私は私なりの結論を出しました。

たとえ餓死しようと、私は人間の肉だけは食べない、と。食糧がなく、やせ細って、たとえ飢えて餓死しようとも人間の肉だけは決して食べない、と。この年になって、私なりの答えを出しました。

毎日毎日牛肉なしでは生きられないように、来る日も来る日も牛肉を食べて過ごしている方などは、もしこういう状況に陥ったら、人肉をむさぼるのかもしれません。そういえば戦争体験者の人がテレビで、人肉を食べる兵士はたくさんいた、やわらかいとか、どこかが硬いとか、何かそんなことを言っていました。

牛肉も人肉もたいして変わらないのだな、と思いながら聞いていた記憶があります。

毎日牛肉なしでは生きられないように牛肉を食べているある方などは、「いいんですよ、飢えたときは人肉でも何でも食べていいんですよ、人間飢えたときは、何でも食べたくなるようになっていますから、いいんです、人肉を食べてもいいんです」とおっしゃるのかもしれません。着衣などかなぐり捨てるまでもなく、着衣のまま人肉にむしゃぶりつき、「牛肉とたいして変わらないわ」とおっしゃるかもしれません。

今、現在も、そして昔から、その方は毎日牛肉と酒を欠かさず召し上がっているのですから。私にはこの光景が目に見えるようです。

四十年近くが経った今、私ははっきりと自分の心に結論を出しました。「たとえ飢えて死に絶えようと、人間の肉だけは食べない」と。イエスを裏切ったユダが許されて天国へ行ったこととと、これはまったく違うことではないか、と。お詫びして済むことではないのではないか、と。

それをやったが最後、「遅すぎ、手遅れ、後の祭り」となるのではないか、と。あの方は、よき見本を私たちに見せてくれているのです。パウロが落ちて霊なる神に火で焼き払われる人間たちの良き見本となったように。

放っておけばよいのになぜ私がその方を凝視してしまうのか、それはパウロとはまた違う型の、お坊さん、仏教徒、法衣を着て頭を丸めたお坊さんが、その崇拝する人々とともに地獄へと（本人が何十年もの間法話で言っておられたように、地獄へ行きたい、地獄へ行きたいと寝言のように言い続けてこられたのですから）今頃になって「そう言い続けてきたけれど、こんなに地獄が苦しくてつらいところなら、やっぱり天国がいいと考えが変わりました」と言っても「手遅れ、もう遅い、後の祭り」と私は思います。

厳しいことを言えば、これほど想像力のない人の書く小説などどんなものなのか、とさえ思うのです。

痛い目に遭う前にそういう考えを持って生きるべきなのに、ましてや超々有名人、天皇陛下に何とか賞をもらった人、頭を丸めて法衣を着て、お釈迦様の代理として、常に人前で正しい法を説かねばならない立場の人なのに、レベルが低いのではないかと思ってしまうのです。

私がこの人を凝視して長い間見続けてきたのは、この人が正しい方向へ人々を導いていく人なのかどうか、それを見極めるために昔から凝視し、失礼ながら、ついにパウロと同様、崇拝する信者とともに地獄へと落ちていく人の良き見本となるのではないか、という結論に達しました。

この人、パウロと同様、地獄へと落ちていき、火のかまかもしれません（最近投げ入れる人間の数が多すぎて、霊なる神が海のように広い火の池を造られたことは、どれかの本に書きました）。

パウロと黙示録のヨハネと同様、火の海に投げ入れられる人間たちの良きお手本となるのかも。〝もうだめです！　手遅れです！　危険水域を超えてしまいました。後の祭りです〟チーン、さようなら。

私は自分に誓いました。飢えて死のうと、餓死しようと、人間の肉だけは決して食べない、と。そう心にしっかり誓いました。

そうでなければ許されず、どたん場で、火に投げ込まれて消滅する側へ行くのではないか、と。間違いなく決して許されることはなく、ゾンビたちと一緒に火に投げ入れられ、燃やされ消滅の憂き目に遭う、と。

この答えを出すのに私は四十年近くかかりました。今、この年になって、固く自分で決心し、たとえ飢えて餓死しようとも、私は決して人間の肉だけは食べない、と深く心に誓いました。

日本の超有名女性作家は「人を殺して食べたいと思った」と言われました。担当者のY氏はまだ四十歳ぐらいですが、この原稿を読んで「生々しい」と3回ぐらい言いました。

「そんなには言っていません！　リアル、という意味です！」

担当者のY氏が2回生々しい、と言いました。

「だからもうすぐこういう時代がまた来るから、私は言っているんです!!　エ～ン、エ～ン。こういう時代が来るって言っているんです!!　エ～ン、エ～ン。私は世のため人のためと思って売れもしないこんな本を書いているんですって!!

エ～ン、エ～ン、わたしわあ!!　わたしわあ!!（机ドンドン叩く）、わたしわあ!!

わたしわあ!!　エ～ン、エ～～～ン。わたしわあ!!　わたしわあ!!　この原稿を読んだ出版社が!!　エ～～ン、ゴミ箱にポイと捨てるだろうとわかってこれを書いているんです!!

エ～～ン、エ～～ン。それなのに、それなのに、エ～～～ン、こんなところに私を一人で座らせて、みんなで攻撃して！　エ～～ン、エ～～～ン。え？　何ですって？」

この議員さん、おもしろい人でしたね。驚きましたね。つい笑ってしまいましたね。

ニーチェもT氏もすごい

バイエルさんやショパンさんやリストさんや、ベートーベンさんはどれだけそれが弾けても、それはあくまでもその人たちの曲。コードだけで、すべての音を自分で作っていく。私はあきらめずにそれをやりたかった。

○○○○万円ものお金を払ってでも出版しなければならない。ねばならない。

昭和天皇が亡くなったとき、作家のY氏が「この飽食の時代に、昭和天皇は餓死なされた」と言ったように、スプーン一杯のものも食べられず、輸血、輸血、輸血と、まるで自分の身体の中の血をすべて入れ換えるように来る日も来る日も輸血をされ、出血のため、何も口にできなかった。

出血と輸血を繰り返され、苦しまれて亡くなった昭和天皇のことを、医師団や側近、そして日本全国民とともに、心を痛め、昭和天皇と共に苦しんでいた自分が、まさかこういうことを言い始めるとは、夢にも思っていませんでした。

私の生涯は、ジャズピアノを自分なりにものにできればそれで満足でした。ところが、そうはならない。

人生は、矛盾に満ち満ちています。

自己も矛盾に満ち満ちております。

ニーチェがすごいのか、T氏がすごいのか。どちらもすごいのですね。

わたくしこの前驚いたことがあるんです。

ノーベル文学賞の前に、全世界のM氏（世界的ベストセラー作家）の大ファンの人たちに、テレビでインタビューをして回っていたのです。全世界で翻訳されているから、M氏の作品「命」という人たちばかりなんですね。

「命」と言うほどですから、M氏の作品はすべて読み、確かにそうなりますが、M氏「命」というほど、M氏が大好きな人たちばかりなんですね、全世界の。それが「M氏の作品のどんなところが好きですか？」という問いに、たった一人の人もこれに答える人がいなかったんですね。

世界中の誰一人もが、この「M氏の作品のどんなところが好きですか？　どんなところに惹かれますか？」と問われて、世界中のM氏の作品ファンと言われる人たちの誰一人、ほんとに、私その答えを待っていたのですが、日本を含め、世界中の誰一人もそれに答える人がいなかったんですね。

私、驚きました。M氏の作品「命」というほどの人たちが、M氏大好き、これ以上好きな人はいない、というような人たちが、世界中の誰一人もこの問いにまともに答えた人がいなかったのですね。

「これは何だ！」と不思議で不思議で、今もふにおちていません。それを語るためでしょうか、中国からの留学生が、きちんとスタジオに呼ばれ、一対一でインタビューを受けていました。

すべての人が興味のある質問だと思うのです。どこが好きなのか、どこに惹かれてそれほどM氏の作品と、M氏に惹かれるのか。

私のみならず、世界中のM氏の作品のファンだと言う人たちにインタビューして回った人たちも、そこが知りたいから、わざわざいろいろ海外まで出かけて聞いて回ったと思うのです。

しかし、これにまともに答えた人は一人もおらず、皆笑いながら沈黙してしまうか、何かあやふやなことをつぶやくだけで、日本人を含め、まったくまともに答えた人が一人もいなかったのですね。

そのスタジオに呼ばれた中国の留学生が、かなり長い時間話していましたが、これまた何を言っているのかわからないんですよね。彼女が唯一はっきりと言ったのは「M氏の作品は、自分たち一人一人に語りかけてくれる。自分だけに語りかけてくれる、そんな作品なのですね」。

M氏の作品の研究をするために、日本に留学に来た、と言っていました。日本に来た目的は、M氏の作品を研究するためだ、と。その彼女の唯一のまともな言葉が「自分だけに語りかけてくれているような、そんな作品」。

全世界の人は、皆「自分だけに語りかけてくれている」と思いながら読むのは当然のことではありませんか。何かこの集団となると、人間異常な精神状態になるのではないか、と思いました。

「あのM氏が自分だけに語りかけてくれている。M氏の作品はすべて私だけ、自分だけに向けて書かれている」

わざわざ中国からM氏の作品の研究をするために日本に留学に来た、というこの若い女性。二十代のようでした。

この考え方、私は異常だと思います。どの本も昔から、読めば自分に語りかけられている、と思いながら、そこから必死でその本から学ぼうと思うし、今さら「自分だけに語りかけられているような気がする」などということ自体が信じられない。

ニーチェや、ゲーテや、F氏や、T氏や、どれほど多くの人が読んでいても自分が話しかけられているように思う。これ、当然のことでしょう。

M氏の作品の研究者が、わざわざそのために日本に来て、言うことはそんなことか、とがっかりしました。この「自分だけのために」という言葉が何とも気持ち悪いのですね。

「大勢のファンはいるけれど、自分のためだけに書かれているように思える作品」。

ですね。

「他の人はどうでもいい。M氏は私だけのために書いてくれている」。気持ち悪い考え

M氏本人が、「いやだ、迷惑だ」と言っておられるかもしれないのに、その本人の考えも言葉も無視して、「今年こそは！　今年こそは！」とみんなで本を片手に集まり、「あーっ！」とか「あーあー」とか大勢の人が集まって騒いでいる。M氏本人の気持ちなど無視して騒いでいる。「また、来年こそは！」と皆で言っていたけれど、これ異常ですね。

私の三人のファン、きのう担当者のY氏が、「私も編集のTもです!!」と言ったから、これで五人（もっとファンはたくさんいます!!）と言ってくれたけれど、私の知る限り、五人。この五人の人たちは、顔も知らない。会ったこともない。遠くで静かに見守ってくれている。

出版社経由で手紙が来たから、電話番号が書いてあったので、電話をしないと（切手まで入れているのに）出版社が私に送らなかったのだと思われるだろうと思い、電話をしただけのことです。

あの食ってかかったクリスチャンの女のことです。出版社経由で来たものをほったらかすわけにはいかない。出版社が私に送らなかったのだ、と誤解されるではありませんか。

この世の中のゴタゴタの多くは、世界のゴタゴタの多くは、「誤解と嫉妬」から起こっています。地球上のゴタゴタの多くの原因は、「誤解と嫉妬」です。誤解と嫉妬を生まないよう、心がけなければならないではありませんか。

たかが文句の手紙一通だとしても。

悪魔の親分との対話

悪魔の親分との対話である。

「父上が、おまえもう少し働いてこい、と言われたので今ちょうど、天国と地獄の中間のところにいる。父上が、おまえもう少し働いてこい、と言われた。下から上へは行けんが、上から下へはどこへでも自由に行ける。

下から上へは絶対行けん。そうなっとる。

地獄にいるもんは、きったないところであんたの言うゾンビのかっこうで、うごめいておる。こっから出られんのじゃ。延々と百年も二百年も千年も万年も、ここのもんはこのきったないところでうごめいておる。下から上には行けんのじゃ。絶対にな。そうなっとる。

死刑、ありゃいけんぞ。殺した者も殺された者も、互いに殺したり、殺されたり、を千年も万年も繰り返しておる。

霊体じゃから死なんのだ。切ったはったを永遠に繰り返しておるが、霊体だから相手が死なんのじゃ。

それで切ったはったを永遠に繰り返しておる。あんたには見えんじゃろうが、わしは今もこの目でそれを目の前で見ておる。

あんたは死刑賛成論者だが、ありゃいけんぞ。殺した者も殺された者もおんなじところにおる。切り合いっこをしておる。

あんた、死刑賛成は間違っとるぞ。まあよい。わしはあんたに頼みがあって来た。

え？　うるさい！　あっちへ行け!!　って？

あんたが人間嫌いなのはよう知っとる。わしのこと昔からもっと嫌いじゃったこともよう知っとる。

父上がわしに、もう少し働いてこいと言われるんじゃ。あんたの言う〝霊なる神様〟のことたい。そこで折り入ってお願いがあって来た。

え？『神からの伝言』を書いたばかりなのに〝悪魔の親分からの伝言〟なんて書

く気はないって？

そうじゃろうのう。そうじゃのう。わかる、わかる。じゃがわしは今困り果てておるのじゃ。

父上がのう、え？　もう聞いたって？　同じことを何べんも言うなって？　わしゃ何回言うたかのう。あんたも知る通り、わしゃ肉体を持って地上に降りたことは一度もない。父上のまねごとをして過ごしてきたから、肉体を持って地上に降りたことは一度もない。

ここにいて簡単じゃった。子分が子分を生み、どんどん増えていった。ところが父上がのう、え？　もう聞いた？　言ったっけ。あんたと同じでわしもすぐに忘れる。

極刑に処すべし!!　と思っとる人間に頼みごとをするんじゃからのう。一応わしも世界中を見渡してみた。

頼めるもんがいたら、そっちに頼もうと思ってな。一応、よーく地球上の人間を見渡してみた。ところがやっぱおらんのじゃ。

ほら、何と言うか、目に見えんもんとしゃべれるもんが。わしのこともよーく、正しく伝えてもらわにゃならん。間違って伝えてもろうちゃ困るんじゃ。

わしの言うことを正しく、間違えんように伝えてもらわにゃならん、そうでないと父上が――。

わしゃほんとに今困っとる。億々万々年も生きてきて、こんなに困ったのは初めてじゃ。

今、だれでもかれでも苦しみを味わわんならんときなんじゃのう、わしは今、そう思うとる。

このわしが苦しみを味わうなんて。悪も善も、みんな同じ苦しみを味わうときなんじゃのう。

爆弾を身体《からだ》に巻きつけて、人の中に飛び込んでいくっちゅうのは、簡単に思うとるかもしらんが彼らもやっぱり悩んどる。みんな若いからのう。はたして命をかけるべきかどうかと、悩み、迷いした末の行動じゃ。若いもんが、命をかけるんじゃからわかるだろ？　彼らも悩み苦しんだ末、命がけであれをやっとる。

誰だって平和に暮らしたいと思うが、彼らも人間、おんなじことを思うとる。平和に暮らしたい、とな。

あんた言うてくれんか。専門家たちに私の子分の悪口を言うな‼ と。ゾンビのようなことを言うが、彼らはゾンビ退治をしておるのだ、と。

みんなに言うてくれ。あれはゾンビ退治だとな。ゾンビ退治だぞ。え？ おんなじことを何度も言うなって？ 地上の人間は、わしの子分たちを、悪の権化《ごんげ》のように言うとるではないか。あれは父上の命令で、ゾンビ退治をやっとるんだとあんた言うておくれ。

ところでわしの頼みとは、わしゃここから動けん。わしゃ地上に降りられんのじゃ。わしがあんたのように地上に降りて、人間の格好をして町中を歩くっちゅうことができんのじゃ。

わしゃここにおらねばならぬ。地上に降りたらなーんもでけん。なーんもだ。

あんたも地上にいるからなーんもでけんだろ？ あんた地上におるからなんもでけんのじゃ。なんもでけんでおる。

時々想念を振り回しておるが、え？　振り回したのは一回だけ？　父上に怒られたから、一回きりであとは何もやっとらん？

そういえばあんた日頃、ボケーッとしとるな。頭からっぽになって、ボケーッとしとる。

肉体があると不自由すぎて何もできん。あんたがいい例じゃ。何もできんでボーッとしとる。

肉体があるからじゃ。わしゃ自由に動き回るために、肉体が持てん。わしが地上に降りて肉体でも持ったら、なんもできんのじゃ。

わしゃここにおらんといけん。地上に降りちゃいけんのだ。

億々も万々劫もわしゃずっとここにおり、そりゃ、どこに行くにも一瞬で行けるし、乗り物も必要なし、電話もインターネットも必要なし、何もいらん。

あそこへ行きたい、ここへ行きたいと思えば一瞬でそこへ行ける。一瞬だ。信じられんだろうが。

お金も何もいらん。一瞬で地球の果てまででも、そこへ行きたい、と思いさえすれば、つまり、言葉もいらん。想念の世界じゃ。

ここであんたのように大声でしゃべくりまくっておるもんは一人もおらん。想念。思い。言葉のいらん世界じゃ。

あんたよう大声でしゃべるのう。あんたとしゃべるためにはわしも言葉を使わにゃならん。

父上もあんたとしゃべるときは言葉を発しておられたな。本当は、ここでは言葉はいらん。必要ないんじゃ。

そういうわけで、わしゃ地上に降りられん。

わしゃあれから改心して、あの世界をちと見てきた。そりゃーもう、億々と万々劫年ぶりじゃったから、感激なんちゅう言葉では表せん。

わしの役目は悪と恐怖を地上にばら撒くことじゃった。もう数え切れんわしの子分をわしは地上につくった。偉い人間から、上から下まで、イスラム国だけじゃないぞ、わしの子分は。

上から下まで、裸の王様から、裸の王子様、裸の王妃、その孫、子、下々《しもじも》の猟奇殺人者、億々万々劫の時代からこれをやってきて、ほぼ達成した。ほぼ、だ。

あとは父上が皆殺しにするぞ、と言っておられる。皆殺しだ。地球上の人間、みな殺しだ。あんたの言う霊なる神様が、つまり私が父上と呼ぶお方がそう言っておられる。

怒っておられるのだ。かつてないほどの怒りようだ。そのために、イエス・キリストを地上に降ろした、と言っておられる。若く、美しい青年だ。それが地上に降りていった。

父上の怒りは、それはものすごい。かつてない怒りだ。ソドムとゴモラどころではない。

全部やる、と言っておられる。人間を絶滅させる、全部殺す、と言っておられる。

死んでから、あのわしが億々万々劫年ぶりに見た、あの世界へと引き上げられるそうだ。今からわしの子分の活躍が、さらに激しくなる。

父上にわしが使われ、わしが子分たち、何べんも言うがイスラム国だけではないぞ。

王から王妃、猟奇殺人者、金をバラまいて歩く首相、これは国民を困らせる、絶望へ追いやるご用ぞ。みんなみんな悪のご用じゃ。

わしはチラッとあの世界に戻ったために、完ぺきな悪人にはなり切れずにいる。億々万々劫年をそうやって過ごしてきたわしと、今のわしは、少し違う。ほんの少しな。あの世界をチラッと見てきたからだろうな。

善のご用も悪のご用も、どちらも大変だ。善人も、悪人も、どちらも苦しみはおんなじだ。善人も、悪人も、みんなおんなじ苦しみを味わう。

善人が幸せ、悪人が幸せということはない。両方とも同じ苦しみを味わう。両方とも幸福になることはない。

わしの力をあんたは思い知ったろう。わしがどれだけの力を持っているか、どれだけの奇蹟を起こす力を持っているか、私がイエス・キリストとまったく同じ力を持っていることをあんたは知っている。

そこでだ、わしの子分たちが人手が足らんから、これから日本人を使う、と言うとる。

日本人のテロリストをたくさん作って、日本を全滅させる、と言うとる。全滅は他《ほか》の国がやるから、彼らはそこまではやりきらんが、血気はやっとる、死もいとわぬわしの子分たちが、今から日本人をテロリストに使う、と言うとる。

地上におらぬわしには、このわしの言葉を伝えてくれる者がほかにはおらんのじゃ。あんた、伝えてくれ。日本人よ、日本のテロリストが今からいっぱい出てくるぞ、と。イスラム国ではない、日本人のテロリストが大勢出てきて、日本で活躍するぞ、と。

ＩＳ、イスラム国だけに目を向けているときではないぞ、と。日本人が安心して暮らせる場所はもうなくなるぞ、と。日本人のテロリストたちにこれからは気を付けていなさい、と。

なに？　どうにもならんのか。四十年近くかかってたった三人か。出版社の者は身内のようなもんだから、赤の他人が、たったの三人か。

もう少しはおるぞ。十人ぐらいはおるぞ。それにしても少ないのう。これじゃあ、どうしようもないのう。

あんたにもわしにももうどうにもできんということだ。伝わらんのか。残念じゃのう。

あとは恐怖を味わって死んでもらう他ないのう。何で日本人がテロを起こす、と日本のあちこちでテロが起き始めるぞ。日本人は震え上がる。伝わらんのか。十人ぐらいはあんたのファンがおるから、あのとき言っていたことが始まった、と覚悟するなり事前に警戒するなり、言ったり書いたりせんより少しはましかもしれんぞ。日本人のテロリストが今からいっぱい出てくるから、それをあんたに伝えてほしかったんだ。

きのうテレビを見ながら、何とか言うもんの書いた『養生訓』というやつがあることを知って、私、この書物読んでみようかしら、とあんた思っておるが、あんたまだそっちにおるつもりか。

え？　よけいなお世話だって？　病気にならないように、って？

そうだよな、健康が一番だもんな。まだまだあんたもわしも、お役目がいっぱい残っておるもんな。最後まで見届ける、というお役目が。

長々としゃべってすまんな。わしもあんたと同じように苦しんでおったのじゃ。

あんたもわしも苦しい。善のご用も悪のご用も、苦しい、ということじゃ。

まあ十人ぐらいにはわしの言葉がこれで伝わるじゃろ。あとは父上におまかせじゃ。わしも頑張るからあんたもぶっ倒れんように、この間からぶっ倒れて起き上がれんでおったのう。

身体《からだ》に気ぃつけて頑張りや。もうすぐ終わりが来るで。もうすぐや。もうすぐそこまで来とる。

日本人だけがまだボーッと能天気にしとる。日本人だけだぞ。こんなにボケーッとしておるのは。

とにかく最後まで頑張ろな。見届けるまで頑張ろな。ありがとうよ。ほんじゃ、また会おうぜ」

神風特攻隊とＩＳ

昨夜、テレビのＢＳ１《ワン》スペシャルを観ました。「戦争を知らない子供たちへ」というタイトルでした。一つだけ覚えておいてください。私はこれから起こることしか書きません。私はこれから起こることしか言いません。今までも（前著のことを言っているのです）。これからも。

これだけはしっかり頭に入れておいてください。

私もまったく知らないことだったので「戦争を知らない子供と大人たちへ」とすべきだったのではないか、と思いました。知ろう、わかろうと努《つと》めても、戦争をその身で体験した人でないと、あの恐怖と虚しさと、狂気に人間をおとし込める戦争というものは、それを身を持って体験した人でないと、わからないと思います。戦後も、精神に異常をきたし、精神科病院の独房に入れられた人たちが大勢いたそうです。

アメリカでは（日本でも）これを、ＰＴＳＤ（心的外傷後ストレス障害）と呼んでいるようですが。人に軽々しくしゃべれるようなことではない。人に語れるようなものではない。

戦後七十年間を、誰一人にも言わず、語らず、心に傷を負ったまま、苦しい、痛い、うずく傷を抱えながら、七十年間も生きてきた人たちがいるのです。

年寄りをもっと大切にしてください。高齢者にもっと温かくし、大切にしてくださ い。

年寄りを、高齢者をないがしろにし、冷たくあしらっていると、天罰が下りますよ。信じない人は、前著のどこかに書いたオリンピックのところを読んでください。

年寄りを大切にし、年寄りに温かく接していないと、必ず天罰が下ります。お年を召された、天皇・皇后のことを言っているのではないのです。一般のお年寄りのことを言っているのです。

ＴＰＰ担当大臣の甘利さんはどうなりましたか。言った通り、書いた通りになったではありませんか。

先にも書きましたが、記者会見で、「天皇というものは孤独なものです」と天皇が言われたとき、違和感を覚えました。これで出版社のゴミ箱に〝ポイ〟が決定しました。

〝ウェ～～ン、ウェ～～ン。わたしわぁ、それがわかってて書いているんですっ!!ウェ～～ン、ウェ～～ン〟鳥肌が立ちました。

もう目の前に、最後の審判が、人類絶滅が迫っているからこう思うのです。ノー天気な！　甘え根性！　許せぬ！　許さぬ！　こう思ってしまうのです。戦後七十年も、誰一人にも言わず、痛む心の傷を抱えながら生きてきたお年寄りたちがいる。

私は知りませんでした。沖縄に、十四歳から十七歳までの、小さな少年兵が千人もいたことを。

小さな身体《からだ》に軍服を着せられ、鉄砲と自爆用の手りゅう弾を渡され、「十人殺したら死んでもよい」と言われ、なぐられ、こづかれ蹴られ、「お国のために死ねるか！お国のために死ねるか！　天皇陛下のために死ねるか！　天皇陛下のために死ねるか！」これを繰り返し、「逃げ出してもよい。だがあとでハガキが一枚届くぞ」それは逃げ出した少年に死刑を命ずるハガキだったそうです。

十四歳から十七歳の、千人の護郷隊と呼ばれる少年ゲリラ部隊。負け出した日本軍は、日本国中の大学生のみならず、負けが見えてきた日本軍は、沖縄で、千人もの少年たちをかき集め、ゲリラ兵として戦わせたそうです。

神風特攻隊を「そこまでしなければならなかったか、しかし、よくやった」と昭和天皇が言ったというのは、『昭和天皇独白録』に書かれていることです。

みんな知っていますか。アメリカが原爆を落とす前、何度も何度も「この戦争を終わらせるのは、天皇、あなた以外にはいない。天皇、早くこの戦争を終わらせてください」と昭和天皇に言ったのだそうです。しかし、そこでやめろと言われなかった……。

何にでも原因があって、結果があります。みんな知っていますか。軍の幹部が日本の完全な負けを悟り、昭和天皇に、早くこの戦争をやめてください、とお願いしたとき、昭和天皇が何と言われたか知っていますか。「もう少し成果を上げてからでないと、やめられぬだろう」と言ったと聞いています。

沖縄の人たちも、そしてアメリカ兵自身も、いつまで続くのだろう。この戦争は、いつまで続けるつもりなのだろう。この殺りくと殺し合いを、いつまで沖縄の人間を殺し続けろ、というのだろう。日本の軍のトップは何を考えている！　と思いながら沖縄の戦場にいたのです。

本土での戦いを避けるため、延々と沖縄の人たちを犠牲にしながら、時間を稼ぐため、引き延ばし、そこへ若い青年たちが神風特攻隊として、沖縄のアメリカ軍の船、飛行機、それに目がけて突っ込んでいったのです。行きの燃料しか入れず、命を捨てて、皆沖縄へ向かったのです。

神風特攻隊は皆、沖縄へ向けて、アメリカ軍の戦艦や飛行機をつぶそうとして、それに向けて突っ込んでいったのです。その成果を見るまでは沖縄での地上戦は放っておく。特攻隊の成果が出るまでは放っておく。その間、沖縄では十代の子供たちまでかき集められ戦わされていました。

神風特攻隊がいることを知りながら、彼ら若者が死ぬことを知りながら、現に突っ込んでいった若者は爆発、燃上した飛行機とともに皆死んでいきました。今のＩＳ・イスラム国やアルカイダとまったく同じではありませんか。自爆して相手を殺そうとするのだから、ＩＳ・イスラム国とまったく同じではありませんか。どこが違うのですか。

七十年前という違いだけではありませんか。戦う意志や殺し合うのはいやだ、と心で思っていても、軍のトップの命令で戦うのだから、「天皇陛下バンザイ」「これはお国のため」本当は彼らは行きたくない、死にたくない、殺したくない、心からそう思っていたのです。

「死んだ者はみんな靖国神社に祀ってやるから、みんな死んでこい。自爆用の手りゅう弾も、全員に渡しておくぞ」

軍に召集されて自爆していった日本の若者たちと、誰からも強制されず、自ら志願して自爆するＩＳの若者とは次元が違うのです。もっと根が深いのです。彼らにおびえて暮らす日が、全世界が彼らにおびえ、恐怖を味わう日が、この日本も、彼らとともに戦う日本人のテロリストに、おびえる日が来るでありましょう。これで終わりではありません。彼らは言ってみれば先遣隊、前哨戦。次に来る恐怖の前ぶれにすぎません。

私はこれから起こることしか言いません。

法律で、戦争で子供を戦わせてはならない、となっているそうで、だから「逃げてもいいぞ、おまえらの自由だぞ、だが逃げたらあとでハガキが一通届くぞ」と。そのハガキには逃げた子供は死刑に処する、と書かれていたそうです。

七十年間秘密にされていたため、秘密に結成された少年ゲリラ兵だったため、口外することは固く禁じられ、記録も映像も、何一つ残っていないそうです。

ひっそりとした山の丘に、そのとき死んでいった子供たちの慰霊碑がありました。沖縄の山の頂上に野戦病院があり、そこから撤退するとき、なぜあそこから銃声が聞こえるのか、と皆思っていたら、七十年間沈黙を守ってきた人が言っていました。足が立てず動けない者を、軍医が拳銃ですべて撃ち殺していた、と。

目の前でそれを見てしまった、当時十七歳だった少年兵の人が、自分が仲良くしていた友達が、丘に座らされ、頭に布をかぶせられ、軍医に拳銃で撃たれて死んだ。七十年間、私はそのことを誰にも話せずにきた。今日まで誰一人にも、と言っていました。

戦後七十年が経った今、思い出すのもつらいあのときのことを、今語っておかなければならない、と。重く、息苦しいあのときのことを語り始めたのです。

それがＢＳ１、スペシャル１と２。「戦争を知らない子供たちへ」でした。私は知りませんでした。少年までかき集められていたことを。ひめゆり隊や本土へ疎開するため大勢の子供たちが乗った船が撃沈され、数え切れぬ子供たちが海に沈んでいったことは知っていましたが、命からがらその船から助かった先生が、「先生助けて！先生助けて！」と呼んでいた子供たちの声が、今も耳から離れない、と。

繰り返しますが、私はこれから起こることしか語りません。過去のことを言っているのではありません。これから起こることを言っているのです。この本には何も書いていません。なんにも書いてはいません。

後の祭り、となりたくない人は、私の前著『預言の書』、次に『神からの伝言』とどめは『メギドの丘』、を読んでください。手遅れになりたくない、と思う人は。ゴミ箱に出版社がポイと捨てるかもしれないし、自分でゴミとして捨てるはめになるかもしれない原稿に、大切なことを書くわけがないではありませんか。

『メギドの丘』さえ、天皇を批判している、として、あれだけ出版社でもめにもめたのに、捨てるか、捨てられるかの可能性大の原稿に、そんな大切なことを書くわけがないではありませんか。ボケーッとしているけれど、そこまでわたくし、馬鹿ではありません。

賢いからそれぐらい、すぐにわかります。これには預言も、大切なことも一切書いてはおりません。ご了承を!!

Ｔ氏の本はわたくしの教則本

先にも書きましたが、ジャングルで次々と仲間が死んでいき、たった一人で三十年間もジャングルで暮らしていた小野田寛郎さんが、外国の人、確かアメリカ人の人たちだったかに発見され三十年ぶりに日本に帰ってこられました。この小野田さんが最近亡くなりましたが、今までジャングルで過ごした三十年のことも、戦争についても、その後も何一つ語られてこなかった小野田さんが亡くなる前、「なぜ、日本人は天皇を批判しないのか」と言われたそうです（その答えは私の前著の本のどこかにあります。どこに何を書いたか、私は忘れてしまっているのです）。

あの玉音《ぎょくおん》（この言葉さえ、私は最近聞いたり書いたりすると、不快に感じるようになってしまいました。玉の音だなんて！　と。何が玉の音ですか!!）。

昭和天皇は、太平洋戦争で日本が負けたあと、国民に向かって、「私と国民との絆は神話と伝説ではなく、信頼と敬愛とで結ばれる。天皇を現人神とし、日本国民は他の民族より優秀で、世界を征服すべきという架空の考え方に基づくものでもない」（大意）とはっきりとご自分で宣言されました。昭和天皇の「人間宣言」です。

しかし、結果的に大勢の方が亡くなったわけで、それは青年の頃から戦争がお嫌いなわけではなく、数え切れぬほど大勢の人間を死なせることになってしまったダビデである陛下自身の考えではありませんか。そういう考えで戦争を引き起こしてしまったのは、陛下自身ではないでしょうか。一般日本国民は、陛下がおっしゃるような考えは持っていないと思います。

ダビデと昭和天皇については『メドギの丘』を読んでください。それまで国民は、昭和天皇の声を聞いたことは一度もありませんでした。神の声を国民が聞くなど、決して許されないことでした。この玉の音の放送のとき、ラジオでこれが国民が初めて聞く、現人神の声でした。

日本国全滅、日本国焼け野原、若者の死体、ジャングルに放置。多くの者がソビエトへ強制連行。飢えと寒さでほとんど死滅。

日本国民焼け野原となったこの国で、食糧がなく、ガード下に寝ているのかと思えば餓死者の死体。戦争中も戦後も、ラジオで玉音放送が流れたとき、焼け跡に山と積まれた黒こげの死体の処理はまだ終わっておらず、その上、家も食糧もなく、餓死者が町にあふれ、道ばたやガード下に寝ていると思われた人々は皆餓死した人の死体でした。

しつこいようですが、私はこれから起こることとしか言いません。これから日本人が必ず味わうであろうことを書いているのです。

そんな状況の中、「今の私の玉音放送はチト声が低かったように思う。もう一度やり直してくれ」と言われ、やり直されたそうです。今度は満足されたと思っていたら「今の玉音放送の声は、チト声が高すぎたように思う。やり直してくれ」と言われ、このときの玉音放送に関わっていた人たちははっきりと「できません！　これ以上はできません!!」とあのときはっきりとお断りした……と私は聞きました。

これに関わっていた人たちはあせっていた。何しろ日本国中焼け野原、死体の山、道を歩けば死体にぶつかる。広島、長崎には原爆が落とされた。この玉音放送に関わっていた人たちはこの日本の惨状にあせっていたのです。

だから二度までは天皇の、自分の声が低かっただの高かっただのという理由だけで二度までは言われた通りやり直したけれど、三度目は（いくら天皇であろうと）、この言葉は言いませんでしたが、三度目はきっぱりとお断りした、と語っていたことを、私はテレビで見聞きしました。

天皇家は、アメリカに匹敵する超大国（中国ではありません。ロシアです。覚えておいてください）により危機に瀕します。それが原因で再び日本は火の海と化し、今度こそほとんどの者が死に絶え、日本国は完全に消滅し、立ち上がるなどということは決してありません。私にはそのようなビジョンが見えてしまいました。ロシアが皇室を危機に陥れ、それが引きがねとなって、世界中の軍隊が、この日本に押し寄せてきて、日本は再び火の海と化し、日本が立ち上がることは二度とない。二度と、です。こんなことを書いて皆さんを不安にしたなら申し訳ありませんが、そのようなビジョンが私には見えてしまったのです。

原因は、天皇家の危機です（どこに書いたか忘れましたが、詳しくは私の前著を読んでください)。私はぶれません。何冊書こうが、何十年が経とうが、何千年が経とうが、私は決してぶれません。

二千年前から、今現在も、何も、一滴もぶれていません。クルクル言うことが変わったり、コロコロ言うことが変わることは、決して決してありません。

わたくしは、二千年前から、今現在も、何一つも言うことは変わってはいません。

二千年前からぶれていません。

ぶれないのです。それが「責任」というものだと思います。大人としての「責任」だと思います。

沖縄の人から火炎ビンを投げられながらも沖縄へ何度も行かれているのですが、この十四歳から十七歳までの千人の少年兵がいたことをご存じなのでしょうか。あれほど何度も(火炎ビンを投げつけた人の気持ちが、私は痛いほどにわかります)沖縄へ行っておられますが、この少年兵たちのことをご存じなのでしょうか。私は知りませんでした。

昨夜のテレビで初めて観て、衝撃を受けました。

東日本大震災のあと、一年経ったか経たない頃、天皇・皇后陛下は仮設住宅を巡っておられましたが、そのタイミングで突然、宮内庁は「女性宮家創設を急ぎ要求する」と言いました。

昭和天皇のあの玉音放送と何ら変わらないな、というのが失礼ながら私の感想です。天皇は国民のために祈っている一方で、皇室の存続のこともしっかり考えているのではないか。そちらが優先になっては困ります。

T氏は哲学者で、ニーチェ研究者で、ニーチェの本を訳していますが、どちらの言葉なのかわからないほど、ニーチェとT氏、そっくりです。ニーチェかと思って読んでいると、T氏の言葉だったりします。T氏と思っていると、ニーチェの言葉だったりします。ニーチェとT氏、すごすぎて、二人見分けがつかないほどそっくりなのです。

わたくし「神は死んだ」と言ったのは、ゾンビの中の誰かが「神は死んだぞ、うらめしや〜〜、神などいないぞ、神は死んだぞ、うらめしや〜〜」とゾンビが言ったのだとばかり、つい最近まで思っていました。

そうではないそうです。ニーチェが言った言葉だそうですが、ニーチェは神を否定したのではなく、本来の神の姿を歪めたキリスト教の「神」を批判して、「神は死んだ」と言ったのだそうです。

そうだったのか、とわたくし目からうろこが落ちました。「神は死んだぞ、うらめしや〜〜」とゾンビが言ったとばかりこの年まで思っておりましたので。

「キリスト教は邪教」と訴える本のすべてに共鳴するものではありませんが、仕方のないこと、キリスト教の存在も日本の皇室の存在も、仕方のないことというあきらめが私の中にあり、その違いだと思います。

他のT氏の本はすべて共鳴、わたくしの教則本となっておりますが、少しの考えの違いなど吹き飛んでしまいます。キリスト教と仏教の違いをここまで見極めた人は他にいない、と思います。

この本だけは言葉が激しい。他の本と少し違う気がします。T氏の本の中で、最も言葉の激しい本、そんな感じで読んでいます（筆者注・今年一月に出た本の方が激しいかもしれませんが、どの本にも根底に、やさしさ、愛、謙虚さがあります。よく読めばわかります。私のように、穴のあくほど読めばわかります。それに私のように「オエッ」とは言われません。「軽い吐き気が……」と書いてあります。上品です）。

「ニーチェは危険な思想家です。キリスト教の本拠地で〝王様は裸だ〟と言ってしまった。あまりにも本当のことを言ったので、聞く耳を持ってもらえなかったり、都合よく解釈されてきた。それは当然です。ニーチェは、私たちの思考の土台そのものを批判したのですから」（傍点は引用者）

言葉は激しい。しかし、すべての本が澄み切っている。一点の曇りもなく、すべての本が澄み切っている。

魂が澄み切っているから、どの本を読んでも一点の曇りも感じられず、本が澄み切って見える。どれほど言葉が過激であっても、私にはこう思えるのです。一点の曇りもない、澄み切った本だと。

高いところの魂を感じます。言葉は激しい。しかし、とてつもなく高い魂を感じます。

これが私のＴ氏に対する、Ｔ氏の書物に関する感想です。Ｔ氏とＦ氏の、このお二人の本さえあれば、私は生きていける。そんな心境です。

このＴ氏の著書の中で一番はじめに「日本はもうダメでしょうね。完全に腐っている。我々の社会は破局に向けてすでに最終段階に入ったと思った方がいい」と書いてあります。

過去を見、現在を見、そして未来を見る。予言者と称している私と同じではありませんか。目的が同じなのです。

どの道を通ってきたかなど、笑って話せばいいことです。

「Ｔさん、私、とてもじゃないけど、あなたのような本は書けませんわ」

「山下さん、私もあなたのような本は書けませんよ。ところで今度の本、何か変でしたね。どうしました？」

「わかりました？　私、自分が何を言いたいのか、何を書きたいのか、さっぱりわからないまま最後まで書いてしまって、書き終わった今も、何が何だかさっぱりわからないのです。ホホホホ……」

「ハハハハ」

F氏は、週刊誌に毎週コラムを書かれています。F氏のコラムも、少し前と違って、だんだん厳しく、激しくなってきた気がします。F氏も怒っておられるな、と思いながら読んでいるところです。マイナンバー制度を「度しがたい悪制度」、というタイトルで書かれていました。

政府のやる（そういえば今さっき郵便屋さんが来て、配達したようです。〝あなたたちも大変ね、イヤでしょう、こんな暗くなってまで配達して回るなんて（家には初めてきたようです。もう暗くなっていました）、玄関に、そのままポイと放っています。

何だか見るのもイヤです私は。〝お守り〟と言って押しいただいて受け取っているおばあちゃんがいましたが（テレビで見ました）、気を付けないとサギに遭うな、と思いました。

政府のやるこのマイナンバー制度、アウシュビッツのあの手首に刷り込まれた、死ぬまで消えることのないあの人間に刷り込まれた数字と同じ、と思っておいてください。必ず思い知るときが来ます。

宮沢賢治が、「一日に玄米四合と味噌と少しの野菜を食べ」と書いていたら、週刊誌の記者さんが「一日に玄米四合は多すぎないか？」と書いておりましたが、身体が弱く、虚弱体質で、今にも死にそうだったのです（会って話したわけではありませんが）。今にも死にそうだったから、「食べなくちゃ、食べなくちゃ、全部は食べ切れないかもしれないが、とにかく食べて元気をつけなくっちゃ、元気にならなくっちゃ」そういう思いで、そういう状態のときに、あの詩を書いたのです（会って本人から聞いたわけではありませんが）。

日照りの時は涙を流し
寒さの夏はおろおろ歩き

宮沢賢治が涙を流し、オロオロ歩いたんです。作物がとれないからです。玄米とみそと野菜しかなかったのです。

四合全部は食べていません。食べなくっちゃ、食べなくっちゃ、と思っても、全部は食べきれませんでした（見たわけではありませんが）。

宮沢賢治は三十七歳で死にましたが、若くして、三十七歳で死にましたが、天国へと直行しました。こんなに若くして死んだのに、宮沢賢治は天国へ直行しました。

天使が降りてきて迷わないように連れていってもらう必要もなく、霊なる神様から〝光が見えるだろ？　あそこへ向かっていきなさい〟と教えてもらう必要もなく、まっすぐ、一直線に、一人で天国へ行きました。イエス・キリストのように、です。

きのうテレビで、ロックフェラー財団の創設者が97歳で亡くなるとき、病院を見舞った自動車会社フォードの創設者の人に、「さらばだ、天国で会おう」と言ったら、そのフォードの創設者が「あなたが天国へ行けたらね」と答えたという話を放送していましたが、誰でもかれでも、ネコもしゃくしも死んだら天国へ行くと思っている。天国、天国、日本中ゾンビだらけなのに、ゾンビたちが口をそろえて、うらめしや～

〜〜、天国でまた会おうな、うらめしや〜〜〜、あの人はもう先に天国へ行ったか、うらめしや〜〜。

行けません!!　誰でもかれでもそんなに簡単に行けるところではありません!!

三十七年間の人生を、精いっぱい自分の力を出し尽くし、日照りのときは涙を流し、寒さの夏はおろおろ歩き、素直さと、正直と、汚れのない魂を持っていたから天国へと直行したのです。

ゾンビが何で天国へ行けますか！　わかり切ったことを馬鹿たちが!!　わかり切ったことを人間はわかっていません。

だからこうして何十年もかかって一人でも多くの人が天国へ行くようにと頑張ってきたのに、ウェ〜〜ン、まったく売れない本を書いてきたのに、ウェ〜〜ン、ウェ〜〜ン、グスン。

T氏とは天皇論では意見が違う

出ましたぞ!!　出ましたぞ!!　「自分の力不足で――。それでもバカにはバカとこれからも言い続けねばならぬ!!」と言っておられましたが、出ましたぞ!!　出ましたぞ!!

「○○○○するバカ」と何人もを列挙する本です。もちろん著者の一人は私の敬愛するT氏。

化粧やCGで「目を異常に大きくする」バカ、には一瞬笑ってしまい、何のことだろうと思いましたが、20歳と高校生の二人の娘を持つお母さんが、ある日突然デカイつけまつげをつけて目をバタバタさせ始めたので、あれのことかと思いました。

今日も会ったけど、目を異常にバタバタとバタつかせておりましたぞ。「だんだん若くなるね」と心にもないことを言ってしまったら、うれしそうにさらに大きくバタバタさせておりましたぞ。目をです。両腕ではありません。

T氏ともう一人の方の対談本ではないかと思いますが、今から取り寄せの段階です(筆者注・すべて売り切れで、一冊も残っていないそうです、と断られ、しばらく待たされ、やっと手に入りました)。

最初に言っておきますが、T氏と私とは〝天皇論〟については真逆の考えです。まったく正反対の考え、だということです。

「おまえの言うことと、この人の言うことはまったく違っているではないか」とまた出版社経由の手紙が来て、食ってかかられたらたまりませんので最初にお断りしておきます。誤解を生むといけませんので。世の中の、世界中のゴタゴタの多くは「誤解」と「嫉妬」が原因ですから。

T氏の本と出合った最初から天皇論については意見が違っておりました。一つ二つ意見が違うからと目くじらを立てることはないではありませんか。

わたくし惚れるのに少し時間がかかりますが、縦から横から斜めから真上から、見ることができないから観察するのに時間がかかりますが、惚れたら最後ですぞ。惚れたらとことんですぞ。

天皇論の違いなぞ、どこぞへと吹っ飛びますぞ。一つ二つの意見の違いで目くじら立てる必要などありません。あって当然です。売り切れで、一冊も残っていないそうで、待っているところだからどうとは言えないけれど、「君が代」の国歌に対して文句を言ったり、反対する人の気がしれません。

国歌のない国はないのだから。こんな国歌のことでもめるのは、日本人のバカバカしさの一つだと私は昔から思っていました。ではどうすればよいか。

「君が代」を、天皇のことを言ったのではなく、「あなたや、あなたや、そこのあなたや私や、日本人すべてに対して君が代と言ったのだ、日本人全員に向けて、君が代、君の代、と言ったのだと思えば、すばらしい言葉になります。千代にやちよに――」すばらしい国歌ではありませんか。すばらしい国歌です。誇れる国歌です。

私はそう考えて歌うので、国歌を歌うときは大声で、誇りを持って歌います。「君が代」を天皇のことだと思ってしまったら難しいでしょうね。私は「国歌」に対しては何の違和感も持ってはおりません。国歌のない国はないし、こんなことでゴタゴタもめていてはいけない、と思います。

天皇論に対しては、三十代の頃は、今のT氏とまったく同じ考えを持っていました。もう四十歳になられた頃かと思いますが、つい最近です。私がこういう考えに目覚めたのは。

祖父母に育てられてきましたので、祖父母とまったく同じ考えで、つまりT氏とまったく変わらぬ考えでずっと過ごしてきました（まったく何も言わなかったし、言っているのを聞いたことも一度もないので、祖父母はどう思っていたのだろうと、今、たった今、そう思いました。二十七歳で息子がビルマ［現・ミャンマー］で戦死したので、祖父母は、本当はどう思っていたのでしょう）。

もっともあの頃私は、ボケーッとしていました。T氏のように、きちんとした考えなど持ってはおらず、独身になったので男遊びにうつつをぬかしておりました。変わったのは最近ですが、「天皇制」を否定するのでも廃止論者になったのでもなく、天皇というより皇室の存在が、また再び日本を火の海と化し、天皇家の存在が再び日本国民を絶滅へと追いやるから、それと戦争、あの太平洋戦争を知らないから知ろう、と思い始めたときから、今までボケーッとして過ごしてきた私が、天皇家批判、天皇・皇后、その一家への批判、あの太平洋戦争について知れば知るほど、その攻撃性が増していったのです。

T氏の年の頃は、私もまったくT氏と同じ考えで（失礼しました。何も考えてはおりませんでした。男と遊んでおりました。楽しく）過ごしていました。そう考えれば、それを思い出せば、自分の若かった頃のことを思い出せば、天皇論の違いだけで目くじら立てることはありません。

誤解のないように、これだけははっきりと言っておかなければなりません。誤解を生まないように。

私のT氏への思いは微塵も変わってはおりませぬ。それらを吹き飛ばしてしまうほどの、すごいお方です。わたくしはそう思っております。

何よりもこの本が出版されるのを今日知って、急に元気が出てきました。なぜかT氏の本を読めると思うだけで、急に元気と勇気が湧いてくるのです。なぜなのでしょう。理屈ではないのでしょうね。

「多くの人に伝わらなくてもいい、仲間にだけ伝わればいい」と言われます。慰め、励まし、元気と勇気を与えられる本は、私にとってT氏の本以外にありません。

もう一人、私の最も尊敬するお方はF氏です。先にも書きましたが、この方は数学者だそうです。私にはこの方の書かれている文章・活字のことしかわかりませんが、私は無意識にその人の性格を知るために文章を読んでいるところがあります。意識していないのですが、無意識に性格を知ろうとして文章を読んでいます。癖なのですね。もしこのF氏が前を歩いておられたら、わたくし、一生この方の後ろをついて歩きたい、と思います。

何一つ心配せず、安心して、死ぬまでこの方の後ろをついて歩いていきたいと思っています。できますならば……。

F氏とT氏とわたくしとでゾンビと戦っている

今まではまったくあてもなく書く、という修行でした。苦しいことをすることを修行というのですね。楽なこと、楽しいことをするのを修行とはいわない。実に長い苦しい修行でした。

あてもなく書く、ということは。それでも必死で、世のため、人のため、人類のため、と自分に言い聞かせるまでもなく、頭と身体がすでにもうそうなっている、という状態でした。

自分の意志というよりも、「ねばならない」「書かねばならない」と追いつめられた精神状態で、長い年月を、あてどもなく書く、という修行をしてきました。絶望のどん底に落ちてはゆっくりまた這い上がり、やっと這い上がったと思ったらまた絶望のどん底まで落ちてみたり。地上とどん底を行ったり来たりの私の人生でした。

「這い上がれるか！」「這い上がれるか！」「今度は這い上がれるのか！」「今度こそ這い上がれぬのではないか！」

ノートのあちこちにこれらの言葉が散らばって書かれています（自分で書いているのです）。今までと違い、今回だけは自分の意志で飛び込んでいっている修行。没になるかもしれないのに、『メギドの丘』であれだけもめて出版拒否寸前だったのに、私って、一体何をやっている。

あれで懲りたのではなかったのか。もう書くのはやめたのではなかったのか。私は本物の馬鹿ではないのか。

いいや、これは人のためではなく、自分のために書いている。あくまでも自分のための原稿だ。

だから何だか今までと違って変な原稿だ。書くべきか書かざるべきか、それが問題だ。駄目だったら捨てればよいことだ。

原稿を捨てることには慣れている。捨てるとわかっている原稿を書くのか、今さら。おまえ馬鹿か‼

これも私にとっては一種の修行なのですね。F氏のお父様は、N氏という作家だったそうです。ある日家の片づけをしていたら、何かどっさりと重たい物が出てきた。何だろう、と思って開けてみたら、お父上の、すべて没になった原稿であった、と書いておられました。

太宰治が、誰でしたっけ。誰か作家の人に「芥川賞をください！　どうかお願いですから芥川賞をください！　私を助けると思って、どうか私に芥川賞をください！」とそれはもう普通の、並《なみ》の叫びではない。悲愴な叫びの手紙が見つかった、と報道されておりました。

わたくし胸が痛みました。これを聞いて胸が痛みました。まだあの叫びが今も頭から離れません。

芥川賞を太宰治さんにやってほしかった。芥川賞を受賞させてあげてほしかった。『走れメロス』だけでもわたくしは、芥川賞受賞にふさわしい作品だと思います。『走れメロス』は誰にも書けない。太宰治にしか書けない。

『走れメロス』のような物を書ける人は、この日本に一人もいない、とわたくしは思っています。『人間失格』など、あまりにも自分と似すぎていて、わたくし恐怖に陥りました。

若い頃、恐怖に陥り、震えながら『人間失格』を読んだのを覚えています。あまりにも自分と似た性格を、はっきりとせずうやむやにしている自分の性格を、あますことなく暴き出された、そんな思いでした。

私の心の中にある性格を、隅々まで見通され、暴き出されてしまった、そんな思いを今も持っています。芥川賞にふさわしい、偉大な作家だと、今も私は思っています。

「私の人生は恥多き人生だったと太宰は言っていたが、死んでからまで彼は恥をさらした」と雑誌の記者が書いておりましたが、太宰のことをそんな風に言ったり、平気で何も感じずに読める人は、神経の太い人です。つまり、ずぶとい神経の人で、少々のことには何も感じない、つまり私から言わせると鈍感な人です。神経の線が太く、鈍感人間だと私は思っています。

太宰治でさえもらわなかった芥川賞を自分はもらったと喜び、それをどこまでも天上まで上げるつもりか、というほど持ち上げている日本国民を見ると、私は複雑な気持ちに陥ります『走れメロス』に芥川賞を受賞させてあげてほしかった、と。

あの手紙が今頃出てくるのも不思議ですが、こんなにほしがっていたのか、と。『走れメロス』で何としても太宰治に芥川賞を受賞させてあげてほしかった、と今も私は思います。

作家だと呼べる本物の作家だと私は思います。あれほど自己を分析できる人間はこの日本にはいない。偉大な作家だと私は思います。

ちなみに、初めて応募していきなり芥川賞を受賞したという人や、もう一人の芥川賞受賞者の、彼は受賞後、別々のタイトルの本を、今、同時に書いている、と言っていましたが、芥川受賞作家が、同時に別々の本を書くなど、私には信じられません。読む気にもなりません。同時に書かれた二冊の本など。

血を流し、血のにじむような思いをして、絶望のふちから這い上がり、この世の苦悩をなめ尽くすほどの苦悩を味わい、そこからしか本物は生まれない、とわたくしは信じています。芥川作品の最後は、彼がどんどん狂っていくのがわかります。芥川龍之介の全作品の最後には、彼がどんどん狂っていくのがわかります。

太宰や芥川のように、狂うほどの苦しみを味わった者にしか本物は書けないし、狂うほどの苦しみを味わった者しか天国へは行けない、と私は思います。せめて、イエス・キリストとお釈迦様の生涯を見てください。天国から来てまた天国へ帰る人のこの想像を絶する苦しみを見て、学んでください。

神経の太すぎる人、鈍《どん》感な人など天国へは行けません。〝キリスト教は邪教です！〟これはニーチェが言った言葉だそうです。私が言ったのではないので、また、あの激しい弾圧をしないでください。

『愛の黙示録』があれほど恐ろしいほどの弾圧を、キリスト教の偉い方々から受けたのに、「キリスト教は邪教」とする本がなぜ弾圧されなかったのか不思議に思っておりましたら、これはニーチェが言った言葉だったそうです。いない者を弾圧はできませんからね。

邪教のキリスト教ではなく、キリスト教という名前さえなかった、イエスと弟子たちが過ごしたエルサレムの生活と、イエスの語った教えと、イエスがその身をもって教えた愛を学んでください。

（最近知ったのですが、最近の聖書は中身がメチャクチャ。目も当てられない言葉が書いてあり、わたくし仰天してしまいました。もうイエスの言葉や教えなど吹き飛んで、とんでもないことが書かれています。

もうダメです。ここまで来たらもうダメです。手遅れです。原始のイエスの言葉を学んでくださいと言おうとしたけれど、もう今の聖書は書いてあることがメチャクチャです。もう読まないでください。

T氏は新約聖書を読むときは、手ぶくろをはめてから読みます、と書いてあり、あまりにも汚すぎて、直接さわりたくないから、必ず手ぶくろをはめる、と書いてありました。なぜなのかわかりませんでしたが、私の持っている四十年前の聖書と違い、見るも読むも無残な聖書になっています。

私の持っている四十年前の聖書とまるで違う、一度、編集のT氏の言う聖書の言葉に「?」となったことがありましたが［私の聖書にはない言葉だったからですが］、人間の自分たちの都合のよいように書き換えられています。誤解を生みます。これなら読まない方がまだましだ、と思いました。世も末。人間の堕落の極みです）

（筆者注・私の持っているヴィクトル・フランクルの『夜と霧』と最近のこの本のあまりの違いに仰天しました。アウシュビッツに、色恋などあるわけがありません。『源氏物語』は恋愛物なのに、セックスの描写が一つもないので、セックスの場面を入れて『源氏物語』を書こうと思っている、と若い女性作家が言っていましたが、「ふざけるな‼」と思いました）

T氏がよく言います。「このトチ狂った世の中で、正気を保つには」と。世の中トチ狂っているのです。「トチ狂った世の中」と彼が言うように、世の中、「トチ狂って」いるのです。

昔、二十一歳の若者が、「世間の人はみんな逆立ちして歩いているんだよ」と私に言ったように、みんな逆立ちして歩いていて、トチ狂っているのです。だからまともに頭を上にして、そのために足があるのだから、逆立ちなんかして歩かないで、ちゃんと自分の足で歩きなさいよ、あんたトチ狂っているよ、あんたいつまでも逆立ちして歩かないで、頭を上にして、足を下にしなさいよ。バカ！　バカ！　バカ〜〜〜‼となるのです。

F氏とT氏とわたくしとでゾンビと戦っている

わたくしも年がいもなく、

「首相は裸だ〜〜〜!!　早く服を着なさい!!　みっともない、恥ずかしい!!　世界の首脳の前に裸で出ていくなんて、みっともない、わたしゃ恥ずかしい、早く服を着なさい!!」とか、「天皇陛下は裸だ〜〜〜!!　侍従たちよ、早く服を着せてさし上げろ!!　陛下の裸が見えぬのか!!　陛下は裸だ〜〜〜!!」とか叫んでいるわけなのですね。

「ゾンビのやつらよ、さあかかってこい!!　うらめしや〜〜だと？　うらめしいのはこっちだぞ!!　さあかかってこい、この剣で切り倒してやる!!　まだ死なぬか！　まだ死なぬか！　まだ死なぬかおぬしども!!　うらめしや〜〜だと？　うらめしいのはこっちだと言うとるだろうが、このゾンビども、うらめしや〜〜」

と、F氏とT氏と、わたくしとで戦っているところなのですね。剣を持っていないので、本でもってね。あるいはコラムでもってね。

一度はゾンビに引きずられて落ちていき、姿が見えなくなったけれど、ゾンビ集団を払いのけ、また復活してきたのですね。イザナギの命《みこと》が、ゾンビ集団に襲われ追いかけられ、これは並ではない、もっと装備を固めて出直さねば、とT氏もそう思ったのですね。

イザナギの命《みこと》とそっくりおんなじ目に遭い、そっくりおんなじ思いを抱き、今また、装備をしっかりと固め、出直し、復活してきたのですね。

何しろ敵の数が多すぎます。うじゃうじゃです。日本中、そこら中、うじゃうじゃです。

イザナギの命《みこと》が見たあの世界とそっくりです。時代は違うけれど、イザナギの命が髪の毛をどのように結わえていたか、現代とは違う髪型でありましょうが、あの時代とそっくりです。イザナギの命《みこと》はゾンビに追いかけられ——、わたくしが言わなくてもわかりますね。

イザナギの命、失礼、T氏は、さらなる装備をしっかりと固め、「さあ来い！　さあ来い！　トチ狂った者どもよ！　以下の者ども集まれ!!

▼〇〇〇のうそを持てはやすバカ

▼〇〇〇に騙されたと怒るバカ

▼○○○○に萌えるバカ
▼○○○○は信用できないと言うバカ
▼○○○○はやめろと言うバカ
▼○○○○を大きくするバカ
▼○○○○も否定するバカ
▼○○○○と勘違いするバカ

以上の者たち集まれ!! ぶった切ってやるから早く集まれ!!

すごいですぞ。バカと戦った先人たちにしっかりと学び、すごい装備を固めておられますぞ。勝ち目はありませぬぞ。これはまだ第一の戦いにすぎませぬぞ。

ここまではっきりと公《おおや》けに「バカ」と呼ばれたこと今までありませぬぞ。いかに強くなられたか、イザナギの命が、T氏が、ゾンビから逃げ帰ったイザナギの命、T氏が、その後、いかに強くなられたか、このわたくしは、しっかりと知っておりますぞ。

私が彼の本と出合ったとき、三十七歳だったから、四十か四十一、二になられましたぞ。若いですぞ。イザナギと変わりませぬぞ。彼は若いですぞ。今からですぞ。

わたくし叫びすぎて、それに年を食ってしまって、その上神経が繊細で、デリケートであることも重なって、できればF氏のあとにくっついて、静かに、安らかに、今後の余生を送りたい、と思っておりますところじゃ。

わたくし「予言」以外は書けない

わたくしの専門は「予言」なのです。何でこんなにもたつくのだろう、何でこんなにたどたどしいんだろう、あの「予言」のときの流れるような、滑るような美しい文章と、説得力と、あの自信はどこへ行った？ と思い思いしながらここまで来ましたが、わたくし「予言」以外は何にも書けないんですね。

そのことを今回、いやというほど思い知りました。この原稿以外、今までの五冊の本のときは、「ブンブンブンブン～ハチが飛ぶ～、お池のまわりに野バラが咲いたよ、ブンブンブン～ハチが飛ぶ～」と、鼻歌を歌いながら書き上げました。

本当です。『預言の書』『神への便り』『神からの伝言』、それに預言のとどめ、出版社でもめて没になりかけた本、『メギドの丘』、これらは自分で考えなくてよかったのですね。

天から降りてくる言葉をそのまま書けばよい。頭をからっぽにして、邪念を取り払い、静かな場所で静かにしていさえすれば、スイスイ、どんどん、楽々と、、どれだけでも、延々と書き続けられる、そんな状態だったのですね。

ところが、自分には予言以外には何一つ書けないのだ、ということを、この原稿を通して、いやというほど思い知りました。気のきいた言葉の一つも出てこない。説得力も自信もない。自分で何を言っているのか、何を書いているのかさえわからない。自信そう失ですね。

競馬場《けいば》で馬がヒヒ～ン、ヒヒ～ンと今にも走り出しそうなのを手綱《たづな》をしっかり引いて止めなければならないように、その予言についてなら、今でも走り出しそうなのですね。それ以外には私には何一つ書けない、そのことをわたくし、この原稿で思い知りました。

わたくしの頭の中は、アルカイダやIS、イスラム国とまったく同じなのです。恐怖を人に与える、という意味で、彼らテロリストと、考えがまったく同じなのです。

彼らアルカイダやイスラム国の連中は、「あんたらそんなことをしていないで、普通に暮らしなさい、普通に」と言われて普通に暮らしていると、ふぬけになってしまうのですね。ふぬけになるのです。わたくしと同じです。

人を恐怖に陥らせているときだけ、彼らは目を輝かせ、生き生きと、生きているという実感を味わっているのですね。私と同じです。命をかけているときだけ、彼らは生きる実感を味わい、大いなる満足を味わっているのですね。命をかけて何かをやっているときです。

わたくしも同じですね。これを取り上げられたらわたくしも彼らも、ふぬけになってしまいます。私、彼らと同じです。

人間に恐怖を与えることが、彼らもこの私もこの上ない喜びであり、命をかけているときが最高の、何にもかえがたい喜びなのですね。

彼らと私の違うところは、私は武器を持たないこと、人を殺さないこと。一応救われる道と、真理のようなものと、真実のようなことを、何か彼らは「今からこうやるぞ！　こうするぞ！」と事前に言っていますよね。あれと似たようなものです。「今からこうなりますよ！　こうしますよ！　よく聞け！」と似たようなものです。武器を持たない、人を殺さない、それだけの違いで、人を恐怖に落とし込むことで喜びを得る、感じる。命をかけているときこそ無上の喜びなり。

わたくしの頭の中、アルカイダやイスラム国と何一つ変わりません。おんなじです。そういうわけで、人間を恐怖に落とし込む、「予言」以外には絶対に書けないということがよくわかりました。それ以外のときは彼らもわたくしも、ふぬけです。まさにふ、ぬ、け。

誰か彼らに聞いてごらんなさい。「俺たちにはこれしかないんだ‼　生きている実感を味わうにはこれしかないんだ‼　ふぬけの状態で生きるのはもういやだ‼」と必ずそう言いますから。彼らは若いですからこれからますます活躍の場を広めていくことでありましょう。

あり余る資金を彼らは持っています。どれだけ人数が集まっても、決して困らない、あり余る資金を彼らは持っています。それに、わたくしと同じように、陰の協力者、決して表には出てこない、強力な、陰の協力者、援助者を彼らは持っています。わたくしも目には見えませんが、強力な、陰の協力者、援助者を持っております。よくよく考えたら、わたくし彼らと何ら変わらないな、と。同じではないか、と気付きました。

悪魔の親分が、ルシファーですぞ。そんじょそこらの親分ではありませんぞ。この男、ルシファーですぞ。一度も肉体を持って地上に降りてきたことのない、この男、ルシファーですぞ。

この親分が、「あんた、予言者と名乗っているくせに、知らないことがあろうが。予言者という以上、知っておかないと恥をかくぞ。あんたが恥をかかないように、わしが教えてやる」と言って先に書いたことを教えてくれました。確かにわたくしはこのことについて、何一つも知らず、気付いてもいませんでした。

二十六年前、キリスト教の偉い方々に激しい弾圧を受け、こっぴどい目に遭い、「今度やってみろ!! 決して私は許さんぞ!! 命をかけておまえらを倒すぞ!!」つまり、一度やって相手を倒し、ひどく叱られ、その後一度も使ったことのない想念を使う、という意味です。

武器も何もいりません。なんにもしなくていいのです。心の中で、「死ね！　倒れよ！」と思うだけでいいのです。

若気の至りで一度これをやって相手が思い通りになって喜んでいたら、私の父上が、ルシファーの父上と私の父上は同じです。イエス・キリストの言う、〝父〟とも同じお方のことです。

この父上からこっぴどく叱られ、その後完全に封印してきた想念を使う、ということです。この言葉、どの本かの「まえがき」にしっかりと書きました。どの本かの「まえがき」にです。この恨み、晴らさずにはおくものか‼

やっぱりこういうことには〝原因〟があるのですねえ。ついでに言いますが、結果は、人類絶滅です。アメリカに匹敵する超大国（ロシアです）が天皇家に危機を及ぼし、そのことによって（あとは私の本を読んでください）、それが引きがねとなって、どの国より一番最初にこの日本国がつぶれ、この日本国が一番最初です。あとは本を読んでください。

キリスト教の偉い方々に対して、わたくし命をかけて戦うつもりでしたが、それをはっきりと言葉に出して書いておりましたが、十人足らずのわたくしのファンの方々のおかげで、三千人以上は確実に読んでくださっている、とわかっているのですが、誰からも、どこからも攻撃も、クレームも、抗議も一切来ません。あの鈍感女のクリスチャンの女が一人わめいただけで、あとは誰一人からも一切何も言ってきません。

あまりに過激すぎ、出版社で没になりかけた『メギドの丘』についても、一切何も言ってきません。この十人足らずの人たちの、賞賛と、共鳴以外、一切何もどこからも、言ってはきません。

とにかく中身が過激なのです。わたくしこのクレームが来ない、という現象を、とっても不思議に思っていたのですが。何しろ『愛の黙示録』の数行を見つけ出して、あの激しい弾圧を受けたのですから。キリスト教の偉い方々から。なぜだろう、と不思議に思っておりましたが、皆、賢い、さとい、ということがわかりました。皆賢く、さといのですね。

鈍感でバカで鈍いのはあのクリスチャンの女と、カトリックのクリスチャンの黙示録のヨハネと、どうにもできないほどの愚か者のパウロだけなのですね。この三人、どうにもできません。火のかまに投げ入れられ、焼かれて消滅します。もう決定です。

要するに、わたくしとルシファーが手を結んだ。近づいた、二人が結束した。ルシファーと、この何とか言う女が近づいて、二人は手を結び、結束した。へたに手を出したら大変な目に遭う。これはまずい！

「おーい、あの女、ルシファーと手を組んだぞ！　ルシファーがあの女に近づいていって、二人は手を結んだぞ！　この二人結束しているぞ！」

そういうことだったのだ、と気がつき、わたくし今になってその謎が解け、今頃になってこういうことを言うのもなんなのですが……わたくし、この原稿を書いて、ほんとによかった。今までわからなくて謎だったことが、はっきりと今わかったのですから。

ルシファーと手を結んだことは確かです。彼が言うように、善も苦しい、悪も苦しい、どちらか一方が幸福になるなどあり得ない。

善人も苦しむ、悪人も苦しむ。もう善、悪はない。自分たちが手を組まずして、自分たちがまず仲良くならずして、もう善も悪もないところまで来ているのに、我々が憎み合っていてどうする。

互いに手を組もう、互いに仲良くしよう、もう憎み合うのはやめよう。このわしの姿が見えぬのに、誰がこのわしの言葉を伝えてくれよう。

姿も形も見えぬこのわしの、この切実な言葉を、誰が伝えてくれよう。あんたしかおらん。

そういうことでルシファーと、わたくしペテロは、億々と万々劫の時間を飛び越えて、すぐに仲直りし、これからは互いになくてはならない存在とし、今からの地球を歩むことと致しました。聡《さと》い人間は早いのです。

一瞬です。「あ、わかった」「わかってくれたか」億々と万々劫の時など、なきに等しいものです。私たちの世界においては。だからイエス・キリストは、「聡《さと》くなれ！聡《さと》い者となれ！」と言ったのです。

「何十ぺんも何百ぺんも何十年も同じことを聞いてもわからぬような者ではダメだぞ。聡い者となれ！　聡くなれ！」と、そう言ったのです。

イザヤよ、何も思い悩むな

「ペテロやペテロ、なぜ固まっておる。原稿用紙をじっと見つめて、固まっておるぞ。金縛りにでも遭ったか。

グズグズ、もたもた、詰まり詰まりしながら書いておったが、ここへ来て、固まってしまっておる。雑念を持つからそうなるのだ。

雑念をよぎらせながら書くからそうなるのだ。雑念を取り払いなさい。グダグダ、モタモタ考えごとをしないで、頭をからっぽにして、書くことに集中しなさい。ずいぶんと長いこと、詰まり詰まりしながら、頭では別のことを考えながら書いておったが、ここへ来て、固まって、金縛り状態に陥っておる。雑念を持ちながらでは物は書けん。今のあなたの頭の中は雑念でいっぱいだ。

やるのだ！　やるのだ！　頑張るのだ！　と言いながら四十年も頑張ってきたのに、

ここに来て固まってしまい、何も書けぬ金縛り状態に陥り、放り出そうとしている。雑念があるからだ。どうだこうだと言い訳をしてみて、自分なりに言い訳をしておったが、あなたのその頭の中の雑念が邪魔をしておるのだ。

一番嫌いなものの中に言い訳があるのに、見ておると、あなたがその言い訳をしておったぞ。やると自分で決めたなら、最後まで貫き通しなさい。よいか、頭をからっぽにしなさい。

そして、今から私の言うことを書きなさい。あなたの得意とするところだ。何も考えずにボーッとしていて書ける、ボケーッとしていても書ける、あなたの得意とするところだ。雑念を取り払い、頭をからにして、今から私の言うことを書きなさい。最初に私は言った。伝わらぬ、と嘆くな！　悲しむな！　怒るな！　と。伝わらなくともよい。あとはこの私がおる、と。

たとえ伝わらなくとも、自分に与えられた仕事を精いっぱいやる、そのことだけでもう十分なのだ。

人々が働いている、どのような仕事であっても、ささいな仕事であっても、それを精いっぱい、たとえそれが誰一人にも認められなかったとしても、それで十分なのだ。認められない、という方がむしろ正しい。認められて浮かれている方が、今始まったことではなく、億々万々劫の時の彼方から、認められて浮かれてきた者たちの方が圧倒的に多い。

認められず、叫べども叫べども、認められず、世の片隅《かたすみ》に追いやられ、悲しみと絶望を味わいながら、そうして最後まで生き、死んだ者こそが、この私の愛する、私が慈しみながら見ている、そしてこれらの者たちこそが、私が新しく創造した天と地へと行く者たちだ。天国行きの人間なのだ。

世間の片隅で誰にも認められずとも、自分に今与えられた仕事を、精いっぱいやっている者たちだ。

あなたのように私の言葉やルシファーの言葉を伝える役目の者だけではなく、今、自分の目の前に与えられた仕事を、誰にも認められずとも、精いっぱい働いている者たちのことだ。どんな仕事であろうと、その仕事を通して、仕事はまちまちであろうが、そのまちまちの仕事をやっていく中から、私を見出す者は見出す。

イザヤが迷っている。こんな仕事ではなく、私も何か別の仕事をしなければ、それには私は妻子を養わなければならない、と苦悩の毎日を送っている。イザヤに伝えるのだ。

あなたは遠くにいて、知らず知らずの間にペテロを助けた。もしあなたがあれを書かなかったら、私の言葉は、もうとうの昔に捨てられていた。

イザヤよ、イザヤ。私の愛するイザヤよ。あなたはもう、この世で果たすべき仕事をすべてやり終えた。

あなたは「イザヤ書」に相当するものを世に送った。わかるだろう。あれは「イザヤ書」に相当するものだ。

三十七歳になったか？　三年経ったか。時は早い。

若いから思い悩む。あなたはもう立派にこの世での役目を終えた。見えぬところで。

あなたの知らぬところで、ペテロの窮地《きゅうち》を救った。私からも礼を言う。イザヤ、私からも深く礼を言う。ありがとう、と。

イザヤよイザヤ。何も思い悩むな。もうあなたは立派にこの世での役目を果たしたのだ。思い悩むことはない。妻子を大切にして、あなたの家族を愛する心は深い。あなたの愛は深く大きい。そしてあなたは多くの人間を見、世界を見渡している。その深い愛の心を持って。

それがときに激しい言葉となる。それが当たり前だ。今地上にいる人間たちを見たならば、深く、大きな愛が心にあるからこそ、激しく厳しい言葉となる。それが正しい人間の、正しい行為であり、心に深く大きな愛があるからこそ、その言葉は激しく、厳しくなるのだ。それが当然のことだ。正しい者の言葉だ。

根底に深く大きな愛があればこそのその激しさだ。あなたは何一つ間違っていない。ただあなたが迷い、苦しんでいるのを私は見ていてつらい。もう迷うな、苦しむな、自分を責めるのはもうやめなさい。それを見ている私がつらい。

これからはその深く大きな愛を家族に向けて過ごしなさい。深く、大きな愛を持って、世間のすべてを、世界中の人間を、そして我が子のみならず、世界中の子供たちに目を向け、目をそらさず真剣に見ている。もうそれだけでいい。

あなたのやるべきことは終わった。今の仕事を続けなさい。妻子とともに、これからの人生を歩むことだけを考えなさい。

もうこれ以上、思い悩んではならぬ。そのまま今の仕事を続け、生きていくのだ。何も心配するな。私は何もやってはいない、と自分を責めたり、迷ったり、苦悩することはもうやめなさい。静かに今の仕事を続けながら過ごすのだ。

ペテロがよい例だ。何も伝わらない、と歯ぎしりして嘆いておる。正しい者が懸命に叫んでも、何一つ伝わりはしないのだ。よけいな悩みを悩まず、よけいな迷いを迷わず、今の与えられた仕事をしながら、心おだやかに、妻子とともに、あなたのその大きな愛、深いその愛を妻子に注ぎながら、心静かに、おだやかにこれからの人生を過ごしていきなさい。

あなたの目はすべての人間、すべての地球の隅々にまで向けられている。それで十分だ。もう思い悩むことをやめておくれ。あなたを見ている私も苦しくなる。

もっと早くこれをあなたに伝えたかったが、少し遅れてしまった。何といっても、何やかやといっても、目に見えぬこの私の言葉を受け取り、伝えられるのは、このペテロ以外にはおらぬのだ。ヨハネとパウロにエネルギーを吸い取られてしまい、ペテロはぶっ倒れておった。

早く元気になれ！　と思っておったら、元気になったと思いきや、今度はくわを買ってきて、慣れぬ手つきで、よいしょ、よいしょ、と言いながら、何をするつもりかと思うておったら、喜び勇んでイチゴを植えておる。そろそろやめるだろう、と思っていたら、毎日花屋へ通い、どっさりと花を買い込んできて、地植えにしてみたり、ハチに植えてみたり、少しも落ち着かんのだ。

私はもっと早くあなたにこのことを伝えたかった。やっと落ち着いたかと思ったら、雑念いっぱいの頭で、自分でもわけのわからないようなことを書き始めて、言い訳いたりしたことを書いておったが、やっと今、このペテロが、固まってしまい、まったく書けなくなってしまい、じーっと原稿用紙を見ながら動きが止まってしまい、金縛り状態となり、やがて何も書かなくなった。

そのおかげで、私は少し前からあなたに伝えたかったことを、やっとこうして伝えられている。何やかやといっても、このようなことができるのは、ペテロ以外にはおらぬのだ。

イザヤであるあなたと違って少しおっちょこちょいのところがあるが、これができるのはペテロ以外にはおらぬのだ。もう少し自信を持ってよいのだが、何かといえばすぐへこむ。自信そう失に陥る。

私の神経太くなれ！　私の神経もっとずぶとくなれ！　と何十年も、神経を太くする訓練を自分で必死でしてきておったが、パウロと、負担にならないように、と黙示録のヨハネを、ちょうどよいように一人ずつ出向かせたのに、それでもぶっ倒れてしまった。神経が細いのだ。自分では繊細とかデリケートとか言っておるが、気が弱く、お人よしで、そこいら辺にいる人間にまで気をつかっている。

普通の人間はしないような気のつかいようだ。だから疲れるからいつも一人でいる。人間といると疲れるから、いつも一人でいる。楽しみを自分で見つけて楽しんでいる。

そんなペテロを私は倒れたら起き上がらせ、お金に困ったらお金を与え、飢えて死なぬように食料を与え、他の人間以上のものを私はペテロに与え、ずっと見守ってきて今も、そしてこれからも見守っていかねばならぬ。新しい天と地へ来るまでだ。

ペテロは新しい天と地へと来る者のよき見本なのだ。素朴と純朴、正直と素直さ、嘘のつけない真面目さ。独身になったとたん、男に熱を上げ、また上げられたりであるが、三十代から男、男、男、と言い出した。待て！　私が与えるからその者と付き合え、とふさわしい男を、ふさわしいときに与えてきた。修道女なんかになるものではない。若いみそらの者が。

何事も、思う存分やり尽くすのだ。そうすれば必ず落ち着く。

ペテロはイザヤであるあなたのことを、天上の雲の上の人と思うておる。自分などそばにも寄れないお方だと思うておる。

それでよいのだ。ただ一つ、私はあなたに言っておく。パウロはいざ知らず、黙示録のヨハネが落ちていった。ペテロには一言も言わず、誰にも読まれぬようにフェイスブックであなたとやり取りをし、黙示録のヨハネが福岡で会う約束を取りつけた相手とは、イザヤであるあなたであった。

ペテロが、あなたがイザヤであることをヨハネに教えたとたん、ヨハネはあなたに近づき出した。ペテロが、あなたがイザヤである、と教えたとたん、ヨハネはあなたに近づき出した。ペテロが、あなたがイザヤである、と教えたからだ。

ヨハネのたくらみを私がペテロに教え、ペテロがヨハネを呼び出し問いつめ、「明日会うことになっている」としぶしぶやっと白状した。ペテロの本を利用して、自分を信じさせようと、ペテロの知らぬところで、さんざん悪行を働いてきた。自分が頼んで会ってくれと言ったと、イザヤよ、あなたは本当にペテロに頼まれて来るのだと思っていた。

勘違いされることを恐れたペテロは激怒し、その場でキャンセルさせた。私が教え、呼び出し、問いつめ、白状させ、1日遅かったらとんでもないことになっていた。馬鹿で阿呆でどうしようもないヨハネが、天上の雲の上の人、そばには近づけないお方とペテロが思うておるイザヤのあなたにのこのこ会いにいくのだからのう。とんでもない誤解が生じ、ぐちゃぐちゃじゃ。聡いあなたのことだから、もうこう言っただけで悟っただろう。黙示録のヨハネは、完全に墜ちていった、と。

天国から来て地獄へと落ちていき、この私に霊体を焼かれ消滅する者たちがおびただしくいる。弥勒《みろく》もそうだ。弥勒は天国から来ていたが、地上の人間に流されてしまい、この世的な考えを身につけ、自分を見失ってしまい、新しい天と地へ行く者の魂ではなくなった。

もう二つに一つの道しかない。新しい天と地、つまり天国へ行くか、この私に霊体を焼かれ、消滅するか、もう二つの道しかない。

あなたはまだ若い。これからも今の心と魂を持ち続けていられるか。終わりの時まで今のその魂を持ち続けられるか。

都会に住む者は、特にこれが難しい。田舎に住むペテロより、都会に住む者ほど、これが難しくなる。東京は、人間の住むところではない、とペテロは四年間でさっさと田舎へ逃げ帰った。

都会も田舎もないが、もう何十年も前から、自分の町に救われる者が一人もいない、とペテロは嘆いておる。都会も田舎もないが。

都会に住む者は、よりそれが難しい。黙示録のヨハネ、これはペテロよりもっと田舎に住んでおるが、それに弥勒も落ちていったことを心にとどめておきなさい。あなたが最後までその心と魂を失くさぬように、と私は願っている。

この私の伝言は、ペテロは果たして届くのか、と心配しておるが、必ず届く。私がそうする。

私の言葉を聞かねばならぬ者のところへは、必ず届くようになっている。何も心配する必要はない。私にできぬことは何もない。

私は天地創造の神、霊なる神、あなた方の父であり、母である。私がイザヤであるあなたに伝えることはこれだけだ。

私はすべての人間を見ている。今までも、これからも、世の終わりまですべての人間を見続ける。あなたへの伝言はこれだけだ。


ペテロやペテロ、大きな土の入った袋やら肥料やらを「よいしょ、よいしょ」と言いながらいくつも運んでおったが、案の定、くたびれて地面に座り込んでおった。

生、老、病、死、は度しがたいのだ。

釈迦も言っておったろう。

〝私は、ガタガタになった車のあちこちを革ひもでしばりつけて、やっと動いているようなものだよ〟と。

あなたも八十歳になったらこうなる。

地上にいる人間にとって、生、老、病、死、は度しがたいのだ。若いときにはそれがわからん。年を取ってみなければ、わからん。病気になってみなければ病人の気持ちはわからん。

人間の肉を食べてはならぬぞ。飢えて死んだとしても、決して人間の肉を食べてはならん。

むしろ、食べられぬように気を付けなさい。今から人間の頭上に飢えが襲うから、ゾンビどもに、食べられぬように気をつけなさい。

人間の頭上に、恐怖が降りかかる。飢えという苦しみが降りかかる。飢えた人間は、人間をも食らう。

たとえ飢えて死んでも、人間の肉を食ってはならぬ。食われぬように気をつけなさい。作物作ってもすべてなくなる。

飢えた人間がすべて食べ尽くしてしまう。

作物作っても何もならぬ。
金《かね》はつぶす。金、金、金、と言っている、その金はすべてつぶす。ペテロやペテロ、お金がいるのは今しばらくのことだ。あと少しの間のことだ。金《かね》はこの私がすべてつぶす。

金があってもどうにもならん時が来る。

他の人間よりも誰よりも、今まで金持ちであった者たちが、殺人鬼へと変わり、物を奪い、作物を奪い、食い、そしてあなたたちを襲う。今まで金持ちだった者たちがこれをやる。

金をつぶしたとたん、ゾンビとなり、殺人鬼へと変わり、すべての作物は奪われ、食い荒され、そしてあなたたちを襲う。一般の人間はもうそうなっておる。世界は、この日本もゾンビ集団だ。これらゾンビに加え、金をつぶしたとたん、今まで金持ちだった者たちがこれをやる。

死ぬことを恐れるな。人間の肉を食うな。たとえ飢えて死んでも、人間の肉を食ってはならぬ。食われぬように気をつけよ。

大いなる恐怖と狂気が地球を包む。

人間を根絶やしにする時が来た。

人間もろとも地球と月と太陽を消滅させる時が来た。太陽系銀河を消滅させる時が来た。

人間根絶やしだ。太陽系銀河を消滅させる時が来た。地上の人間覚悟の時だ。

億々万々劫年の時からそのことは、私が地上に降ろした天使たちが言い続け、叫び続けてきた。私はもう待たぬ。地球と太陽系銀河の終わり、地球と太陽系銀河の消滅の時だ。

下ばかり向いていないで、ため息ばかりついていないで、この私を見なさい。目には見えない、この私を見なさい。上を見なさい。

私は常にあなたとともにいる。

私は常にあなたとともにある。

私は常に、あなたの愛する者とともにいる。

著者プロフィール

山下　慶子（やましたけいこ）

1945年（昭和20年）、福岡県生まれ。国立音楽大学器楽科（ピアノ）卒業。

著書に『預言の書』（文芸社、2011年６月）、『神への便り』（文芸社、2011年10月）、『神からの伝言』（文芸社、2012年２月）、『愛の黙示録――絶体絶命のあなたを滅びの淵から救う道』（文芸社、2013年２月）、『メギドの丘』（文芸社、2013年10月）がある。

神の怒り、人類絶滅の時

2016年６月15日　初版第１刷発行

著　者　山下　慶子

発行者　瓜谷　綱延

発行所　株式会社文芸社

〒160-0022　東京都新宿区新宿1－10－1

電話　03-5369-3060（代表）

03-5369-2299（販売）

印刷所　株式会社フクイン

ISBN978-4-286-17377-1